16	3	2	13
5	10	11	8
9	6	7	12
4	15	14	1

Luís Antônio Giron

ENSAIO DE PONTO

Recortes carnavalescos por
Saturnino Praxedes, ex-funcionário da
Companhia Nacional de Burletas & Revistas
do Teatro São José

editora■34

EDITORA 34

Editora 34 Ltda.
Rua Hungria, 592 Jardim Europa CEP 01455-000
São Paulo - SP Brasil Tel/Fax (011) 816-6777

Copyright © Editora 34 Ltda., 1998
Ensaio de ponto © Luís Antônio Giron, 1998

A FOTOCÓPIA DE QUALQUER FOLHA DESTE LIVRO É ILEGAL, E CONFIGURA UMA
APROPRIAÇÃO INDEVIDA DOS DIREITOS INTELECTUAIS E PATRIMONIAIS DO AUTOR.

Imagem da capa:
Composição realizada a partir de ilustração de Helios para capa da revista Fon-Fon!*, Rio de Janeiro, ano 3, nº 7, 13 de fevereiro de 1909 (cortesia de Cláudio Giordano)*

Capa, projeto gráfico e editoração eletrônica:
Bracher & Malta Produção Gráfica

Revisão:
Magnólia Costa

1ª Edição - 1998

Catalogação na Fonte do Departamento Nacional do Livro
(Fundação Biblioteca Nacional, RJ, Brasil)

G527e	Giron, Luís Antônio Ensaio de ponto: recortes carnavalescos por Saturnino Praxedes, ex-funcionário da Companhia Nacional de Burletas & Revistas do Teatro São José / Luís Antônio Giron — São Paulo: Ed. 34, 1998 240 p. ISBN 85-7326-104-8 1. Ficção brasileira. I. Título.

CDD - B869.3

ENSAIO DE PONTO
Recortes carnavalescos por
Saturnino Praxedes, ex-funcionário da
Companhia Nacional de Burletas & Revistas
do Teatro São José

Prefácio: Uma Fênix Dramática 13

Prólogo *ex machina* 21

PANCADA I: DECADÊNCIA
1. Genealogia do Trololó 27
2. Rimbaud-açu 33
3. Cangote, Baal e Fox-trot 41
4. Corrosões do "Fado Liró" 49
5. Mundo em Cacos 55
6. O Traidor da Categoria 59
7. Cabo da Claque 65
8. Pausa Para um Colchete 73
9. Cristo Morto Era o Momo 79
10. Resmungo de Machado Careca 87
11. A Grande Meretriz 101
12. O Caradura 107
13. Mezzo Forte. Mutação 127

PANCADA II: INFLUENZA
1. Zeca Brazurura, ou Réquiem Alegre 137
2. A Morte Cacareja no Palácio 147
3. Apocalipse do *"Désabiller"* 157
4. Belzebu no Harém do Filho do Homem ... 167
5. Contribuição para uma Fenomenologia
   da Pateada 175

6. Natureza Morta com Crânio de Chico Viola 183
7. A Rivalidade Tem Pernas de Afinação 197

Pancada III: Gargalhada
1. O Ba-ta-clan Científico 211
2. Bode Vira Carrasco 225
3. Epílogo num Ônibus 235

ENSAIO DE PONTO

Recortes carnavalescos por
Saturnino Praxedes, ex-funcionário da
Companhia Nacional de Burletas & Revistas
do Teatro São José

Qualquer semelhança com seres vivos e mortos-vivos é fruto de fusão, corte, justaposição, paródia e transposição de caracteres existentes, ou quase.

Dedico esta farsa a Neyde Veneziano, Celso Alves Cruz, Felisberto Costa, João Maurício Galdino e Ruy de Oliveira, que me sopraram a idéia sem querer.

Luís Antônio Giron

"La pluma corta más que espadas afiladas."
Quevedo, *Migajas Sentenciosas*

"Não é honroso contar mentiras;
Se a verdade porém te significar medonha ruína
mesmo a desonra é perdoável."
Sófocles, *Creusa*

"Consultem os que ainda estão vivos."
Sousa Bastos, *Recordações de teatro*

"A well-written life is almost as rare as a well-spent one."
Thomas Carlyle, *Critical and miscellaneous essays*

"Não é nenhuma novidade para os que vivem na sociedade onde a gente se diverte, que a vida da gente do teatro, tão aparentemente alegre e invejada, seja quase sempre lúgubre e triste."
Mucio da Paixão, *Espírito alheio*
(Episódios e anedotas de gente de teatro)

"Até mesmo Momo escrevia nos muros: 'Sim, Cronos é um sábio'. Veja, também os corvos, do alto dos telhados, pedem crocitantes pelo epílogo. E como ainda podemos viver?"
Calímaco, *Epigramas*

"A exatidão me assusta."
Mario Nunes, *Quarenta anos de teatro*

PREFÁCIO
UMA FÊNIX DRAMÁTICA

A historiografia do teatro universal está estofada de alergias, sobretudo as provenientes da ausência de documentação necessária para o bom andamento das pesquisas no gênero e no grau adversos e conversíveis. Nessa pirâmide invertida que é o Brasil, assistimos a cinco gerações de notáveis encenadores, atores, atrizes, dramaturgos e luveiros sucumbirem à desaparição física dentre nós, sem que houvessem tido oportunidade de garantir a manutenção da memória de suas trajetórias profissionais. Deu-se, enfim, a rendição do saber aos ácaros.

No cargo de estudioso da área e diretor do núcleo de dança e análise pós-etnológica da comédia do Departamento de Artes Cênicas da Universidade Pontifícia de Botucatu, vejo-me constantemente envolto em enigmas colocados pela ausência de dados fulcrais sobre este ou aquele tema cabuloso no tocante à cena cênica, se o pleonasmo me for permitido.

A expressão banal "tempos imemoriais" nunca me soou tão eloqüente, e emblemática. De fato, toda nossa atividade teatral pertence a tempos imemoriais, eras de amnésia incurável que jamais retornarão a nosso convívio. O memorialismo parece não ter comovido nossa gente teatral. E eis que, há pouco mais de um mês, chegou-me às mãos um caderno de capa dura azul-marinho, desses que nossas tias costumavam usar nos anos 20 como caixeirinhas viajantes por este Brasil afora. Trouxera-me o volume um aluno meu dos mais esforçados, Mossurunga Amorão, que o havia encontrado entre os pertences de seu tio-avô, morto no ano de 1965, com pouco mais de setenta anos de idade. Examinei o conteúdo do livro e, com espanto, deparei-me com um dos mais importantes testemunhos sobre o gênero alegre já perpetrados neste subcontinente austral. Tanto que faço questão aqui de prefaciá-lo e o fazer publicar. Neste interregno de mais de vinte e quatro anos entre o espanto e a estampa, o texto foi estudado, analisado e vivissecado por gerações de orientandos industriosos. Dois deles, o Luís e o Paulinho, conseguiram, por fim, durante o último semestre de uma bolsa-sanduíche junto à Universidade de Iowa, reconstruir o formigueiro babélico definitivo. Queremos aqui agradecer a instituição americana pela atenção que deu ao caso. Sem ela, o trabalho teria resultado impraticável.

Saturnino Praxedes deixou suas anotações em manuscrito, com caligrafia cuidadosa e divisão por capítulos. O caderno pautado não o atemorizou. Escreveu com tinta vermelha, da direita para a esquerda, como Leonardo da Vinci, num ímpeto criptográfico poucas vezes ousado na literatura memorialística autóctone. Não pude mais me libertar do caderno, absorvido que fui por uma leitura das mais estimulantes. O livro de Praxedes derribou muitas das minhas crenças, consolidadas ao longo de quase trinta e dois anos de carreira acadêmica. Por exemplo, a de que a figura do ponto foi retirada de cena por ser supérflua. A argumentação rigorosa de Praxedes nos leva a acatar a idéia de que o ponto foi vítima de solerte conspiração. Assim, na antevisão praxediana, o fim de sua profissão representa, na realidade, a agonia da comédia musical como a entendemos até meados deste século. Gostaria de acrescentar às observações de Praxedes um fato para o qual me chamou recentemente a atenção o bolígrafo José Ramos Tinhorão. Como este bem observou, o ponto até hoje é figura imprescritível na nossa televisão e também no teatro. Só que já não se nos apresenta em carne e osso, mas sim na espécie do chamado "ponto eletrônico". Atire a primeira pedra o apresentador de programas de auditório ou o ator eletrificado que não use o ponto na contracapa do ouvido. O ponto sofreu as agruras da automação, e foi bom que Praxedes não tenha assistido a este triste fato. Praxedes narra o lento desmoronamento de um mundo de espetáculos. O pasmo e o riso estão o tempo todo entranhados na sua narrativa.

Escreveu grande parte do texto de um sopro só, em meio aos problemas nervosos que enfrentava no ano de 1957. Mas podem ser observados traços arcaizantes no estilo, além do uso de um tipo de tinta muito comum no Rio de Janeiro na década de 10. O que nos faz supor que a enunciação do texto remonta aos tempos do *art-nouveau*. Supõem alguns especialistas, no que são corroborados pelo depoimento de Mossurunga, que Praxedes encetou o texto muito possivelmente dias antes da deflagração da influenza espanhola, após uma noite de amor com a corista Luiza Lopes, que passou para os anais como a primeira profissional de teatro carioca a ter sido fatalmente vitimada pelo mal. O amor-morte da Isolda mulata causou profundo *pathos* no jovem iniciante. Foi a faísca da invenção que doravante não se extinguiria. Em certa passagem, a máquina de escrever é citada, apesar de não termos encontrado até agora nenhum vestígio deste texto batido à máquina; Praxedes dedicava-se a revisões intermináveis. A exemplo de Dostoievski, cria que o texto fermentava e se proliferava. Passava da pena de ganso à Remington, da esferográfica ao lápis 4B e, nos últimos estertores, ao gravador de rolo. Valeu-se também de sangue, em passagens muito peculiares, como a de sua tentativa de suicídio pouco antes de se ejetar do buraco do ponto.

Sem poder exercer a profissão para a qual havia sido talhado, viu-se Praxedes na obrigação humilhante de se tornar escritor. Tomado por um mal mental, produziu sem parar textos sobre e de teatro. *Ensaio de ponto* foi um de seus derradeiros. Não teve a sorte, entretanto, de vê-lo publicado e compartilhado por um maior número de especialistas no tema. Contou-me Mossurunga, meses antes de também se exonerar da existência, há nove anos, que o tio-avô chegou a mostrar uma das supostas trinta versões do volume para luminares das artes do Rio de Janeiro da época da Guerra da Coréia. O notável ator Grande Otelo foi um entusiasta da publicação do livro, mas não ajudou Praxedes no encaminhamento dos originais, não se sabe por que motivo. Provavelmente o escriba neófito não aceitaria que parasse em mãos de editor uma versão que por certo estaria desatualizada, posto que revisava o texto a cada hora. Seu quarto de pensão, conta-me Mossurunga, era uma Babel de folhas de ofício e recortes de jornais e magazines, jogadas pelo chão, mesas e armário. Assim, permaneceu inédito até os dias de hoje. Aposentou-se como secretário da tesouraria da Associação Brasileira de Pontos Profissionais e manteve até idade provecta a atividade de representante comercial de bebidas e mais tarde de empresário, sem ter sofrido agruras econômicas maiores. Mas não teve chance o Praxedes de divulgar seu trabalho. Conforme veio a me mostrar Mossurunga, a produção praxediana revela-se vasta. Escreveu cançonetas, diálogos, sainetes, coplas, mágicas, revistas e burletas, além destas memórias, que certamente representam o ápice de seu estro inventivo. Nunca foi encenado, salvo durante o episódio de Maria Lino, em 1915, de cujos detalhes ele próprio se encarrega. Faleceu num ônibus, nos braços de sua companheira de tantos anos, dona Lambda, rindo que finalmente o iriam entender, com o último texto preso à mão esquerda, que brandia, em flagrante demência *vacum* (ou *vacuum*) precoce. No fim crepitante da sua vida, funcionário exemplar e empresário, bastos cabelos brancos, míope e alquebrado, era alvo das ironias de uma juventude que se multiplicava a cada ano como os últimos modelos da indústria de calçados. Os novos autores apedrejavam-no com ironias. Ele fingia-se de surdo, enfiando o boné que sempre usava à altura dos olhos, numa clarividente opção pelo anacronismo. A autoridade do novo é a do historicamente inevitável, afirma o filósofo teutão Theodor Adorno. Praxedes entregou a alma ao historicamente inevitável. E fê-lo jocoso.

O leitor experimentará, pelas mãos bolinas deste querido profissional, o teatro dos anos 10 e início dos 20 na praça Tiradentes carioca, principalmente no Teatro São José, o *locus classicus* em que a nova cena musical foi gerada, gerida e logo excretada. As vidas do São José e de Praxedes se emaranham. O empresário salerniano Paschoal Segreto fundou a companhia do São José em 1911, vindo a falecer em 1920. A produtividade foi caindo com a voga do music-hall. Culminou com a dissolução da companhia em 1926, quando nosso Praxedes já não atuava mais em mente, apenas em corpo. Deixou-a nos albores daquele ano, por motivos que ele próprio explicará.

O trabalho de edição, realizado por mim e uma equipe de orientandos do departamento, inclusive Luís e Paulinho, foi dos mais estimulantes. Não houve problemas de fixação edótica. Procuramos manter a grafia e algumas das idiossincrasias do estilo de Praxedes. Seu palavreado é característico de um membro da "caixa", do círculo íntimo do teatro. Grafa, por exemplo "córos", "holophote" e "esquetches". Conservamos os vocábulos assim, por marcarem uma enunciação fonética muito característica da época. Para o interessado em perseguir os significados de certos termos, aconselho tão somente o costume. O melhor glossário para o estilo de Praxedes é o mundo. Como esse planeta não existe a não ser quase que exclusivamente em seu texto, resta-nos acostumarmo-nos ao idioleto especial do escritor.

Restringimo-nos apenas a atualizar a ortografia, já que o bom Praxedes costumava utilizar as antigas leis do "ph", dos "ff" e dos "th", anterior à reforma ortográfica de 1941. Também alteramos o título da obra, por considerá-lo anticomercial: *Ponto*. Encontramos igualmente outras variantes de títulos, como: *Buracos do ponto*, *Ponto brazurura* etc. Numa digressão deixada em um guardanapo com o logotipo do restaurante Assírio, deu-nos o Praxedes o melhor presente para um título definitivo: *Ensaio de ponto*. Este soa erudito, além de sugerir alguma polissemia tanto com a figura da geometria euclidiana como com o ensaio de teatro. Adotâmo-lo com convicção. Praxedes deixou tudo muito organizado, segundo os critérios científicos utilizados em sua época. Nossas emendas são eventuais. Espargimos pela obra algumas poucas notas de rodapé, que julgamos de fundamental relevo para a compreensão do fenômeno; certamente enriquecerão o leitor, em vez de secar-lhe o cérebro. O autor encarregou-se do prólogo, que, apesar de esclarecedor, não permite ao leitor conhecer a trajetória de buracos vivida pela obra.

Haverá quem condene a apropriação que Praxedes faz de narrativas do alheio. Plasma-se em memorialistas como Mario Nunes (que ele chama amigavelmente de Mari Noni, pseudônimo que o crítico tinha no semanário O *Malho*), João Luso do *Jornal do Commercio*, o impudico Humberto de Campos, Machado Careca, Brandão, o Popularíssimo, o símile perfeito de Arthur Azevedo Mucio da Paixão, Rêgo Barros e Sousa Bastos, sem deixar ao relento o português Eduardo Garrido, esse Homero lusitano em ceroulas, entre outros, parodiando-os de maneira explícita, copiando-lhes frases inteiras para alterar seus sentidos básicos. Porém, segundo as novas tendências analíticas do fenômeno literário, a paródia e a metalinguagem são procedimentos mais do que virtuoses, para não dizer virtuosos. Praxedes realiza esculturas humorísticas com elementos textuais de outrem. Suas lembranças, chama-as expressivamente de "recortes carnavalescos", não por se devotar exclusivamente ao trídou momesco, mas por decorar a narrativa com fantasias e alegorias que lembram o Carnaval em nível de mitologia latina, fornecendo um tom *bricoleur* ao texto. Seus retalhos têm um componente de densa fantasia. E é este aspecto que os torna comoventes. Afigura-se impossível para um historiógrafo distinguir o registro ficcional do imaginário, o depoimento humano comovido do charlatanismo literário. Para usar um termo da gíria teatral dos anos 10, o memorialista converte os textos verídicos de seus colegas em trapézio para alçar vôos imaginativos muito maiores. Rapina conteúdos, transmudando-os em alteridade infinitesimal. Que ladrãozinho adorável não foi esse que conseguiu converter a lembrança insípida no mais puro gozo da imaginação!?

Pelo volume desfilam elencos, histórias, cenas paradigmáticas e o pessoal das coxias e da caixa, com uma vivacidade fora do esquadro convencional. O autor de tamanhas visões teve apenas um objetivo em vida: salvar a arte dramática das mãos do caos (leia-se: dos diretores). Autêntica fênix dramática do teatro rebolado, Praxedes volta do nada em que foi exilado para desvelar segredos ocultos como tabus. Ele fixa o percurso de atrizes e atores cujo fim nem mesmo nós conhecemos, de iluminadores, eletricistas, bengaleiros e pontos cuja existência não chegamos a calcular. E quem se lembra desse autor incógnito, preso ao orifício do ponto, observador privilegiado da história oclusa da vida fluminense e/ou brasileira? Praxedes traz à luz azul do gás carbonado a incandescência de momentos irreparáveis. Sem mais candongas, vamos a eles.

Prof. Dr. Josué Miguel Zig-Zig Bum!
Botucatu, 4 de março de 1989

PRÓLOGO *EX MACHINA*

Tá tudo errado! Vou logo dizendo que me disponho a remendar a história e extrair-lhe os enganos do diz-que-me-diz-que. Nestes recortes que apelidei de carnavalescos, prometo narrar *pari passu* a verdadeira e única genealogia do trololó. Consiste ele no teatro ligeiro, movido a música desclassificada. Dele emergiram e nele soçobraram Cardoso de Menezes, Luiz Peixoto, irmãos Quintiliano, Carlinhos Bettencourt, conhecido como o Assombro, Mangarinos e tantos outros vultos da ribalta do início deste século de muito siso e pouco riso. Vou narrar com pena leve as façanhas, os apuros, os tropeços e atrapalhações que coroaram a minha vida artística. Embora nem tudo se passe no Carnaval, os fatos se revestem da atmosfera agridoce dos festejos de Momo. O teatro era um carnaval de ano inteiro. Nada inventei. Meu intuito glosa o do meu ex-amigo leal Mari Noni, mais conhecido pelos inimigos como Mario Nunes. Crítico acerbo do palco cênico, Mari afirmou que gostaria de atingir a imortalidade com o livro de ensaios *Pateadas*, da década de 30, e a coletânea que reuniu no ano passado sobre as atividades do teatro brasileiro no Rio de Janeiro de 1913 a 1935. De minha parte, conto o que senti do lado de cá do espetáculo, o de dentro, circunscrevendo-me na primeira parte (ou "pancada") aos anos de 1913 a 1918. A segunda pancada aborda a Espanhola e suas conseqüências diretas, isto é, até 1926. A terceira conta o resto, que é o melhor, cujo assunto não adiantarei. Mas tudo se dá em figura serpentinata, segundo terminologia do jesuíta cosmólogo Athanasius Kircher. Neste ano de 1957, devoro os memorialistas e críticos apimentando-os como um mestre, apesar de me dar conta de que alguns deles, como o Mari, não passam de epígonos de epígonos epigonais apodíticos. Não observam método nem ordem. Não irei dizê-lo ao Mari pessoalmente (minha imortalidade sucederá à dele, então nunca vai saber, já que um dos atributos da glória eterna é despir seu proprietário de sentidos, corpo e espírito), mas percebo no velhote o assanhamento. Seus textos traem a vocação de coió, chichisbéu, ou, como diziam nos anos 10, gabiru. Comprazia-se em conviver com as dançarinas baratas do Teatro São José. Organizou em 1924 a União das Coristas, ocupando desde então o cargo de conselheiro. Além disso, adulava atrizes (só eu sei o que minha amiga Ottilia Amorim passou por causa dele), ensaboava os revistógrafos, nome hoje culto atribuído aos revisteiros, com adjetivos acima da conta. Meu santo, comparar Luiz Peixoto a Aristófanes foi uma das frases que ouvi dele à saída de *Dança de velho*, levada à cena, se não me engano, no São José no início de 1916, ano em que o teatro, o meu teatro, virou cinema de maio a dezembro, pois a companhia partiu para excursão no Rio Grande do Sul, e sem me levar, o que foi tragicômico. Quantas dessas *girls* de catorze anos ele não seduziu, sem contar nada a ninguém. Naquele 1916, estava enrabichado pela rebolante Júlia Martins, a Julinha, que não lhe dava prosa. Contentava-se com a Elvira, uma corista de pernas grossas e dentes de retrato loiro das nossas avós.

O fato é que o teatro de revista e o Mari deram com os jumentos na pocilga juntos. Ninguém mais quer saber de burletas, sainetes, mágicas, compadres, comadres, sátira política e do corpo de córos do Chantecler. Agora o que domina é o nu artístico das colônias nudistas. Texto, nem sabem o que é isso. Digo tudo *ex machina* porque fui encarregado dos principais textos do São José ao longo de muitos anos e, mais tarde, conclamado a salvar a comédia e, por extensão, o teatro inteiro. A sociedade afluía e a zona pululava ao compasso do maxixe. Os artistas circulavam por todo canto, conversavam com o público, atendiam telefonemas e andavam de automóveis luxuosos, as luzes amareladas da nossa Broadway, do West End tamoio, bruxuleavam no galinheiro das paixões imaginárias. Citarei muitos nomes que para o leitor não terão significado algum. Não quero que ele se sinta perdido por causa disso. Cito-os em quebranto budista; repeti-los serve para restituir vida a seus antigos proprietários.

O meu nome de batismo vibra artístico, ainda mais porque sei que estarei morto quando ele for lido: Saturnino Praxedes. Com um universo sonoro desses eu tinha de me tornar uma figura de popa do teatro requebrado, como me tornei de fato e de feito. Peço ao leitor ou ao historiador futuro que não me confunda com o J. Praxedes, colega meu, revistógrafo de arrebóis mais polares, o maior dentre os maiores, autor da revista *Podia ser pior*, sucesso acho que de 1918, em parceria com seu irmão, Raul. Também foi autor do drama *Jesus*, uma resposta malcriada ao *Mártir do calvário*, de Eduardo Garrido, uma das peças mais queridas do país. Pena que nem parente meu era. Talvez distante, um dia me disse, para me consolar num momento difícil, em que passei três semanas adoentado num sanatório sem poder integrar o elenco. Morreu há uns treze anos e só então fui descobrir que Praxedes era pseudônimo de um prosaico Rafael Gaspar da Silva. Fez uma ironia ao então ingênuo rapaz que vos escreve. Agora estou com mais de cinqüenta anos e me recordo dos bons instantes ao lado da melhor companhia que esta galáxia já teve, a Companhia Nacional de Burletas e Revistas do Teatro São José. O São José foi maior entre as onze casas da zona teatral nos anos 10 e 20. A lotação era de perto de mil pessoas, a construção neoclássica podia ser apelidada de a pérola da Tiradentes. O São José agasalhou nossa companhia por quinze anos, treze dos quais presenciei. Foram três lustros de refulgentes espetáculos genuinamente nacionais.

Voltando pela última vez ao Mari, creio piamente (vou não raro à Penha para me benzer, onde aproveito para fazer uma fé no jogo do bicho) que minha função é fundamental até hoje para o andamento do motor da representação. Durante muitos anos vivi dentro de uma caixa. Sou ponto. Aqui não encetarei narrativa sobre uma profissão, à maneira das gravuras antigas que mostravam o artesão ocupado com suas tarefas cotidianas, em atitudes ridículas para deliciar os fidalgos e a burguesia. Se eu seguisse tal estilo alegórico-naturalista, meu personagem seria tão insignificante que não daria sustança a um livro. A gravura mostraria o ponto dentro do buraco, sentado, em perspectiva com corte transversal; o ponto no buraco, dedo em riste, um olho no texto outro nos atores, que estão no palco se atrapalhando mutuamente. Nada disso. Escrevo no diapasão da revolta, para rechaçar de vez as pretensões daqueles que maliciosamente afirmam que os pontos não têm cérebro e foi um alívio eles terem sido eliminados do palco cênico. Infâmia, perjúrio, crime contra o patrimônio nacional, que outras palavras posso encontrar para manifestar minha indignação diante desses intelectuais proxenetas que desprezam a origem do drama e da comédia? Marcando cada "pancada", ou blocos de capítulo com que pretendo machucar a empáfia dos atores, cito cada vez duas quadrinhas extraídas do delicioso monólogo *O ponto*, de autoria do ator Fabregas, atuante no século XIX. É uma síntese e uma inspiração para todas as almas sensíveis do outro mundo. Adentremos os episódios mais dramáticos. O texto está aqui diante de meus óculos. Aciono a lâmpada vermelha que se acende no abajur sobre a estante do maestro. Aperto a campanhia para avisar os contra-regras, apito para o maquinista. Os cenários não apresentam problemas de mobilidade e transporte. Espio no fundo das coxias e percebo que os atores estão a postos. O diretor já ronca o sono dos pulhas. Ótimo, tudo em ordem. Joguem confete e serpentina sobre o palco agora. Maquinista, por favor, suba o velário para o primeiro capítulo desta tragédia burlesca!

Fim do Prólogo

Pancada I: Decadência

"O teatro precisava
ter um bode expiatório
culpado de quanta coisa
suceder-se ao repertório.

Então inventou-se o ponto
e no mel caiu a sopa...
o ponto é hoje uma espécie
de tábua de bater roupa."

1.
GENEALOGIA DO TROLOLÓ

Na condição de quem trocou a vida por um ponto, afirmo, sobre o poema sagrado de *Gato, baeta & carapicu*, que prestei estimáveis serviços aos papas e papisas do requebro. O trololó (ou, como grafa gaiatamente meu padrinho, Mucio da Paixão, tro-ro-ló*) me deve a existência e, quem sabe, a essência. Sem minha intervenção talvez espetáculos inteiros houvessem redundado em fiasco. Como ponto, corrigi, emendei e prolonguei a história do drama e da comédia. Nunca precisei mambembar para existir. Minha vida é o buraco. Fixei-me num lugar, um lugarzinho, e ali permaneci, para sempre, quase. Meus comparsas viajaram pelo interior do Brasil e muito se esfalfaram em situações pilhéricas. Minhas aventuras não correm o país e provavelmente serei o ponto de menor autoridade a relatar a vida. Que outros o façam, para o maior progresso da ciência. Como o "rouba-cenas" Mario Ulles. Não posso espantar o leitor porque minhas histórias são banais. Quem sabe meus colegas e coetâneos de São José, M. White e J. Cruz (os pontos prezamos o primeiro nome com inicial) pudessem ter contado sobre suas aventuras no Sul e em São Paulo, nas raras vezes em que a companhia saiu da-

---

* O vocábulo *trololó* possui uma vasta ascendência, que remonta aos primevos invasores visigodos na Península Ibérica. Deriva do barbarismo "Trololum", usado pela tribo de Alarico para designar "Troilum", nome latino para a cidade de Tróilo, na Etrúria setentrional. O crítico mundano Mucio da Paixão talhou-o *ad hoc* para designar o baixo-vaudeville em voga no final do Século das Luzes. Atualmente, é usado como lenha para a literatura infantil, num flagrante deslocamento semântico e pragmático. Cf. PAIXÃO, Mucio da. *Vida alheia*. Apud NUNES, Mario. *Patheadas*. Rio de Janeiro, A Noite, 1935, pp. 56-78, em especial a nota 3. (J.M.Z.-Z.B!)

qui. Mas o rastro deles se apagou nas ondas do Atlântico Sul. Ouvi dizer que os dois se suicidaram juntos em algum segundo dos anos 40, afogando as mágoas num ombro de oceano na longínqua praia de Ipanema.

Por favor, não gargalhe de mim a posteridade. Meus propósitos radicam no nascimento da nossa arte peculiar de representação. Resolvi traçar a origem do trololó como móvel primevo da comédia por me encontrar numa posição privilegiada, da cúpula sob a qual trabalhei e desde então ainda vivo, *in* fantasma. Vi nascer os modismos e triunfar os imensos canastrões da centúria. Pude ser poupado dos apupos e pateadas das torrinhas. Os sons da turba me chegaram de longe. Esse alarido ensinou-me que o público vale menos que uma moeda de alumínio mordida. E, naquela época, como ele se manifestava! Enfiava bexigadas goela abaixo dos atores, insultava-os mais do que os atores a mim.

Hoje esse público que sucedeu aos almofadinhas dos anos 20 glorifica apenas as pernas torneadas e o nu artístico de triste moda. Compreendo os instintos inferiores da platéia pátria. Eu mesmo me instalei no ponto do Teatro São José em janeiro de 1913 (tinha então dezenove anos) com o fito de contemplar as belezocas mais de pertinho. Ai, como era bom ver uma perna com meia grossa. Eu as contemplava como de um microscópio. Beatriz Martins, Ottilia Amorim, Rosália Pombo, Cândida Leal, Julinha e tantas outras donas boas daquela conjuntura histórica ímpar. Era bom que doía quando Ottilia desossava-se num maxixe fogoso após a pilhéria bem talhada do Alfredo Silva, o *enfant gâté* do público, que às vezes chegava a cavalo ao palco, imitando com a boca a multidão romana sedenta de mártires em *Quo vadis*. Minha consciência tropeçava no lodaçal da luxúria sarcástica. Era tudo ilusão. Devia ter lido antes o aviso do monólogo sobre o ponto do Fabregas, que diz assim: "Pobre ponto, quanto sofre!/ e sem ter um gozo em suma.../ também faz prova de parte/ mas não prova cousa alguma". O ponto goza por metonímia.

Eu estava mas não estava, provava, mas que provava coisa nenhuma. O requebrado do corpo de córos foi dando lugar em mim à contemplação metafísica e aos mais altos ideais da Arte, que faço questão a partir de agora de grifar em caixa alta, como os insignes taxidermistas clássicos alemães.

Naquela época, as coristas rebolavam nuas durante os ensaios. Juro que assisti à gelatina de Pepa Delgado se arrastar pelas coxias como solitária obscena da vida alegre. É solene a afirmação de que presenciei a carnação moreno-quente de Cândida Leal, como bem definiu o Mari, no átimo em que se despia depois de um maxixe do *Pé de anjo*, distraída com a porta aberta de seu camarim. Todos foram espiar o formoso ideal de mulher daquelas curvas sinuosas que conduziam qualquer bitola de amante ao báratro letal. Ela se amava diante do espelho, a pérfida. Para acalmar-se, o maquinista bebia suco de maracujá com parati. Acompanhei-o, aquilo de mulher bonita fazia-me muito mal à saúde. Passou a sorrir só para mim, como se soubesse que eu a vira como viera ao mundo. Que tempos, que antevisões, que esplêndido nada!

Ser ponto tinha essas vantagens de não ser notado, ou não ser considerado por elas. Todas me tratavam como amigo, mas superficialmente. A proteção que cobria o buraco tinha formato de concha. Logo a batizei de Conchita. Passavam por mim como se eu fosse um objeto. Eu mal largara as calças curtas e os instintos à flor da pele numa época em que niilistas alemães eram introduzidos no meu pensamento por intelectuais de escol como a Albertina Berta e o João Ribeiro. Aquela Albertina era sufragista e escreveu tanto sobre o desejo feminino que quando aportei no São José já sabia tudo sobre o assunto. Disfarçada dela própria, ela ia ao São José só para escandalizar. Ribeiro transportou a cultura germânica para o torrão natal. Um saboroso e superficial pires do pensamento. Ao ingressar no São José, meus cabelos revoltos eram negros do tom do azevixe e da jaboticaba. Largava naquele momento a função de diretor de harmonia do rancho Pepinos Carnavalescos, que saía do Engenho de Dentro para o orbe. Ali sucedi o flautista Pixinguinha, nosso querido e hoje grande maestro Alfredo da Rocha Viana Filho. Eu era tão alto que trabalhar onde trabalhava me obrigava a ficar sentado em curva. Usava uma suíça à polca pronunciada que mais tarde vi ser plagiada pelo grande galã Raul Roulien, aquele que ensinou maxixe ao Fred Astaire. Usava um bonezinho de *sportsman* da moda. Meus olhos eram azulados e brilhantes como a luz de azeite da época da voga das mágicas. Ora tremelicavam como lamparinas, piscando muito em tique nervoso, ora adquiriam a paralisia dos místicos. Foram prejudicados com o tempo e a obrigação da lâmpada que eu usava para ler os textos lá do buraco. Passei do monóculo aos óculos de lentes grossíssimas já em 1919. E como numa mágica, eu julgava ter poderes hipnóticos. Saí da profissão como um galante estróina encurvado, muito míope e grisalho, porém feliz. Os olhos já não brilham como dantes e as donas curvilíneas não exercem mais o fascínio primevo. Primeiro matei o amor, em nome do forrobodó. Depois, vice-versa.

Claro que eu passava despercebido pelas atrizes. Ocupavam-se com os bolinas, os gabirus, os caronas e prestavam favores inolvidáveis aos donos da companhia. Os atores que falhavam (e como falhavam naquele engatinhar do nosso palco cênico!) nutriam uma antipatia figadal pela figura veneranda do ponto. Eu era sinônimo de desconto no ordenado, afixado na tabela de serviço pelo contra-regra. Meu currículo era o desprezo dos atores, me disse o bigode de pontas enceradas do Paschoal Segreto, o dono do teatro, aconselhando-me a não me fazer de rogado em situações de erro. "Olha, doutor, a função é assim mesmo. Nada temer é importante. Depois vais te divertir!" Tinha mania de atribuir doutorados aos inferiores. Seu olhar era desconfiado. Foi o herói da minha tenra juventude. Italiano de Salerno, introduziu o cinematógrafo de Lumière no Brasil em 1897, no seu Salão de Novidades. Foi o primeiro a filmar no Brasil e teve coragem de revezar cinematógrafo e revista no São José a partir de 1911, em vista do sucesso da revista filmada *Paz e Amor*, de 1910, estreada no Rio Branco e logo depois São José, com a nossa querida artista Ismênia Mateus. A atividade revisteira ganhou vigor com Segreto porque ele as agasalhou nos seus cine-teatros recém-inaugurados.

Duvidei no início da profissão que me chamava. Fui trazido pelo meu irmão mais velho, Pedro Augusto, para ganhar alguns trocados num período difícil das economias do meu pai, dono de um quiosque perto do campo de Santana. Eu gostava mesmo era do Tom Mix. Aceitei o serviço pela vantagem de ser um espectador privilegiado e também porque Segreto significava, para mim, animatógrafo e fogos de artifício, que ele mandava estourar para chamariz das sessões. Lembro-me dos campeões de luta romana que o Segreto apresentava no Cinema Moulin Rouge quando eu tinha doze anos e me enfurnava nas sessões. A *Paz e Amor* eu assisti no São José, foi quando conheci o teatro, o interior todo em madeira clara, a forte iluminação incandescente misturada à elétrica, as colunas de metal, as formas duras, o encerado do piso, a dureza das cadeiras, sem almofada.

Antes de subir ao posto de ponto, atuei como estafeta e contra-regra. Mas em poucas semanas eu já estava no buraco. Vencia a fila da orquestra (ou do gargarejo), os caronas e gabirus, ora vejam só. Podia realizar simultaneamente três atividades que sempre me encantaram: ler, dirigir a humanidade que representa e contemplar o eterno feminino. Entre os baixos desejos do público e a obscenidade do trololó das damas galãs me postava eu, recebendo os eflúvios amorais de ambos os setores da nossa sociedade.

Lembro-me de que na época li um artigo no *Jornal do Brasil* em que um crítico (não o cito por já tê-lo feito de sobejo) parecia elogiar meu trabalho. Seria possível? "Há um elemento de alto valor na montagem de peças teatrais e que aqui não tem ainda sido utilizado em toda a latitude dos seus maravilhosos préstimos." Realmente, o notável autor seria finalmente reconhecido. Mas que sonho. Logo adiante o crítico despejava o chope gelado na minha ambição: "Refiro-me à luz elétrica". Gastava então uma lagoa de tinta para elogiar o eletricista, o sujeito que acende e fecha as luzes para mim! A incompreensão calou fundo. Teorizarei portanto em causa própria.

Ao contrário das outras artes, o teatro calha às genealogias. Como uma trupe o faz, nada mais óbvio que ele aconteça de geração a geração, de companhia a companhia, elenco a elenco. É como o futebol e esse fato lhe fornece uma força maior. As gerações arraigadas e interligadas justificam umas às outras, dão sentido épico ao passar dos centenários. João Caetano inventou Xisto Bahia, que foi pai de Machado Careca, tio de Brandão, que moveu uma palha e nasceu o Alfredo Silva; ora vejam, do Alfredo veio o Dudu das Neves e o jovem Vicente Celestino, genitor supremo de Chico Viola. Que amolação, Aimée foi dar em Ismênia dos Santos, que passou o cetro para Anna Manarezzi que alimentou no seio a Cinira Polonio. Esta matrona engendrou a Antígona da Italia Fausta, mãe às avessas de Ottilia, uma saindo das entranhas da outra, como mariotchkas, as bonequinhas desmontáveis de Moscou — que, certa vez, aliás, rendeu numa revista que escrevi, a *Apoteose das bonequinhas**. Ela conta a história de uma corista que ia nascendo de outra, até que aparecia a estrela, minúscula, a cantar um hino ao amor. Cinco gerações por século, nada mais justo que uma suceda à outra, corrida de revezamento contra o relógio patológico. Também um ponto dá à luz outro, em sucessão androgênica, como veremos adiante.

* Não foram localizados os originais da revista. Os arquivos da Sociedade Brasileira dos Autores Teatrais (SBAT) não trazem referência a ela. Praxedes provavelmente a rasgou, ou é resultado de seus delírios nervosos dos anúncios luminosos que são a vida a mentir. Apud *Arquivos de Mossurunga Amorão*, Rio de Janeiro, Tipografia São Pedro, 1965. Ver também ZIG-ZIG BUM!, Josué Miguel. "Prolegômenos ao requebrado primevo" [Einführungen zum Ur-Tänzeln], *Revista Aspera ad Astra*, Rio de Janeiro, Editora Sucesso, 1980, pp. 15-32. (Nota de Luís e Paulinho.)

2.
RIMBAUD-AÇU

Meus primeiros instantes dentro do buraco foram de adeus às quimeras juventinas. As semanas iniciais se revestiram de completo deleite dos sentidos. Simplesmente não conseguia sair de baixo da concha, tamanhos os ângulos se gravaram em minha retina borbulhante. O planeta me parecia então acéfalo, um frêmito de coxas sem fim e sapatos com ponta de metal no passo do cakewalk em direção a meu nariz pontudo. O diretor Eduardo Vieira vinha me cobrar atenção, pois havia notado meu olhar excursionista e o devaneio a que me permitia, em desrespeito para com o texto que estava debaixo de meus olhos. Eu ficava literalmente de gatinhas para o mundo. Logo as imagens se esmigalharam. Amigos eu só fazia junto à administração. Pior, as belas demônias insistiam em não reparar em mim, antes cultivavam um desprezo que só vim a entender mais tarde. Era por causa da minha recém-assumida atividade. A tendência natural do elenco era desprezar o ponto, ainda mais um iniciante sem experiência, jogado ao fosso sem direito aos milagres que tornaram famoso o profeta Daniel. Eu próprio reconhecia as atrizes e atores só da cintura para baixo. Devia ser constrangedor para um galã ou uma vedeta conversarem comigo naqueles tempos. Além de muito alto, eu ficava olhando as curvas da coxa desta ou as polainas brancas daquele. Mais tarde contaram que me achavam meio pancada por conta da atitude bizarra. Corrigi a distorção com a experiência.

Passada a fase encantatória, saía da caixa para beber com anônimos notáveis, num estado de espírito misto entre o transporte estético mais elevado e a diarréia da amargura pela indiferença. Aos empurrões e topadas, fui aprendendo que tudo isso fazia parte do ônus da profissão, que no entanto era a mais importante de um teatro. O orgulho encarnou em mim com espírito de Exu protetor. O conhecimento total sobre o tema aconteceu em poucos meses e eu já desengatinhava para saltar de um lado para outro com dinamismo furibundo de mestre-sala.

De repente, virei um Anchieta sem tupinambás. Vi-me a dar aulas entre o gentio técnico. Jovem e com o cérebro imberbe, embora ativo, eu pregava para o Jardim de Alá dos instintos. Traduzia o meu drama para os caracteres tupis-guaranis que a gente simples podia entender. Debalde. Repito aqui o que costumava falar pelos botequins, onde ninguém me dava um lóbulo sequer de orelha.

Quem sabe para me impor aos outros, eu dizia e repetia que o ponto deve ser considerado parte fundamental do elenco e não integrar listas da administração da caixa do teatro, como o fazem os apressados historiadores que terminam por morrer antes que a história acabe, para o bom funcionamento desta. Ele dirige em primeira e última instância a representação. A cópia da peça, com caligrafia clara, é ele que produz. A primeira leitura do primeiro ensaio é regida por ele. Conhece cada ator naquele momento de intimidade anterior ao texto, em que ainda está por conhecer o seu personagem. Sabe que a maioria dos atores mal consegue soletrar o texto e até decorá-los. Alguns não se permitem nem dispor um verbo depois do sujeito. O ponto detém o saber do texto, as didascálias lhe são instrumento fundamental de trabalho. Pode convencer um centro cômico a virar bufo periférico e vice-versa. Por muito ler, drena os textos mais verborrágicos, amplia os breves, anota para a posteridade observações seminais sobre músicas de sucesso, sugere mudanças nas falas. Como se não chegasse, detém o jogo de chaves que avisa ao maquinista quando deve mover as cortinas e cenários, a campanhia que alerta o eletricista para abrir os bicos de luz de gás das gambiarras e dos canhões de luz na ribalta, e a camareira para apressar-se na troca da galã. Eu dirijo até o macambúzio maestro José Nunes! Mais do que tudo, a palavra final do ponto está em uma outra função que deve ocupar: a de produzir ruídos naturalistas ou esquisitos, conforme as exigências da peça. Eu, por exemplo, me esmero na reprodução perfeita das mais variadas modalidades de peido, chuva, fogueira e vagido de prazer. Um ponto precisa consistir em um artista completo.

Não que eu o fosse desde a gema do ovo materno, mas logo troquei o culto das belas pernas pelo das metáforas varonis. Quando completei vinte anos já era quase um Rimbaudaçu, mirim cruel a sair da arte para ingressar no contrabando de imagens de ídolos locais, assunto que alastrarei mais tarde, para surpresa de quem não conhece minha faceta estradeira. Enquanto dizia o discurso acima, os companheiros de boêmia juvenil se retiraram do recinto, em muda reprovação. O fiasco subiu à cabeça do Saturnino, era o comentário que eu não ouvia e, mais tarde me confessaram, era feito sobre mim.

Mas insistia em perder os amigos. "Não há teatro nacional sem ponto racional", discursava, entupido de cachaça de jurubeba. "É o vigia do autor, um posto avançado da qualidade da dramaturgia, digo isso com o peito abaulado." Olhava em torno, e me deparava com o boteco oco de gente. Eu não estava fazendo muito sucesso com meus interlocutores, embora as garrafas de cachaça comparecessem em número cada vez maior. No longínquo 1914, percebi que era necessário estar entre os meus iguais. Meu colega Manoel White percebeu minha situação lamentável e salvou meu fígado ao me introduzir ao mundo encantado do núcleo que um dia redundaria na Associação dos Pontos Profissionais. Foi o choque do saber num moço coração libidinoso. Ao regaço da nação de homens probos, pude me expandir e discursar à vontade. O preço foi ouvir o cêntuplo de discursos idênticos ao meu. Minha pretensa genialidade: notei que a mente era corporativa.

Em nossos seminários informais, cada dia nos encontrávamos em logradouro diferente, sem prévio aviso. Um estafeta era encarregado de passar no teatro e revelar o local, logo à saída de serviço, após a última sessão. Lembro-me de uma noite no saguão do Cinema Íris, na rua da Carioca. Éramos nove ou dez. O simpático chinês Léo Leopoldo, ponto vitalício do Polytheama de Niterói, levantou-se e ergueu os braços escondidos sob a capa josezinho, herdada do bisavô, que se dizia o plantador de chá favorito da imperatriz Leopoldina na fazenda de Santa Cruz lá pelos idos de 1824. Léo lembrava um peixe de grandes proporções, talvez um chafariz em formato de truta. Copio aqui as suas palavras e as faço minhas: "Amigos, defenderei com todas as armas a dignidade de minha profissão. Um ponto não é só cabeça sem corpo enfiada no buraco no meio da boca de cena, em volta do qual circulam os atores. É o espírito absoluto, o botão que aciona a razão no mundo em cacos. A maioria dos textos do gênero alegre é destituída de qualquer valor artístico, embora em termos dramáticos possam ser de grande utilidade. O ponto dá ao texto uma densidade que ele não possui, este é o nosso *clou*. O que acham?".

Aprovávamos incontinenti uns aos outros. Era uma delícia concordar e elogiar e levar o troco em idêntica quantidade. Enchia meus colegas de perguntas, a que os mais experientes retrucavam com a sabedoria dos filósofos neonapoleônicos. Formávamos uma academia peripatética da maior qualidade. As manhãs latiam com debates em que todos rasgávamos sedas. Praticávamos a maiêutica das perguntas cuja resposta conhecíamos de antemão e dos mistérios de polichinelo, sussurrados como se fosse a primeira vez. O mancebo recheado com o creme dos sonhos encontrou nos pontos profissionais os melhores conselheiros do globo. Meu caráter se fortaleceu na companhia desse protocolo de sábios siameses em série. O exército de controladores cênicos (mulheres nunca penetraram em nosso *sanctum sanctorum*) me transformou em homem!

Exalto-me porque me lembro o quanto meu ofício anda sendo difamado por diretorezinhos de merda que sabujam moldes importados de Cracóvia e ganham migalhas do reconhecimento acadêmico com o chamado teatro sério. Na realidade, este nada mais é que a exploração das lágrimas de crocodilo de nossas mães-de-leite.

Como bem dizia o White numa daquelas conversas despausadas, o ponto brasileiro é o pior dos mártires do calvário. "Veja bem, Praxedes", ensinava com o giz na vertical (sempre trazia um atrás da orelha direita, herança do pai, maquinista inglês de Paranabiacaba), o bom Mané. "O ponto brasileiro difere do *souflleur* alemão, do *prompt* anglo-saxão, do *controleur* francofone ou do *suggeritore* veneziano. Ele tem que atropelar a divisão de trabalho e fazer o serviço completo; acompanhar as marcações e ajudar os esquecimentos das primeiras figuras e virar o centro emissor de um suposto centro dramático, porque nossos atores não decoram nada, é o diabo. Somos, a um tempo só, Cyrano de Bergerac, o coió iletrado, a Roxane trepada na sacada e, se deixarem, o sogro também. Aliás o Coquelin, que estreou o papel em 1897, era praticamente pior que um boneco de ventríloco do Pavilhão do Meyer! Pierre Janeaux, o ponto do Teatro Sarah-Bernhard, é que me disse."

Manoel Pinho, bondade redonda da cúpula do Phenix onde trabalhava, cosia em voz grave outro argumento: "Ator, seja brasileiro, francês ou europeu, tem aquela mania de dizer mas não fazer e fazer o que não diz. Em outros termos, de obrar o que quer e ouvir o que não quer".

Os debates eram acalorados de adendos. Cada um queria juntar um elogio ou um aspecto complementar ao que o outro concebia. White dizia que tínhamos qualquer coisa de budistas, pois vivíamos a perfeita identidade das contradições. Eu, atrás de minhas abotoaduras, ensaiava pôr em prática o que havia haurido junto a meus idênticos, e que de resto já sabia antes de nascer. Mas havia situações em que eu não conseguia cumprir os mínimos requisitos da decência. Sentia cabeça e pescoço tensos, um olho no padre e outro na reza, a exemplo de certo ponto estrábico amigo meu, hoje retirado das lides dramáticas, até por falta de oportunidade, o português Ferreira da Silva, queridinho do já falecido Leopoldo Fróes. Minha situação era das mais difíceis. Tinha que orientar os atores em tudo, dar-lhes deixas e pontar-lhes chanchadas que não haviam gravado nos bestuntos. Só faltava carregá-los no colo até o centro da cena escancarada. O zinco de Conchita me protegia de reações raivosas de parte a parte. E eu fazia o que no invisível da rubrica? Naquela época, o teatro ficava à cunha, dura de gabirus e polacas. Punha a cabeça ali quando as luzes se acendiam. Crânio e pescoço a postos, os olhos grudados.

"Não, não, Mariazinha, bênção dos céus, é outra fala, minha querida!"

As mãos passavam pelos esqueletos do ofício com a agilidade de harpistas para socorrer uma ingênua em dúvida atroz.

Tais problemas eu desabafava nas tertúlias celebérrimas. Alberico Melo, sempre prestimoso e rápido no raciocínio tautológico, vinha com a chave: "Se a dúvida possui alto valor para Descartes, é porque é duvidosa e implica decifrações muito longas. A dúvida é a palavra-cruzada do espírito ocioso. As vedetas não podem exercê-la sob pena do tomate fulminante que vêm das torrinhas. Deves evitar quaisquer interrogações, pois geram questionamentos e contêm pouca positividade. Os atores são precursores do pensamento moderno porque nunca tiveram idéias precisas na cabeça. Apenas munidos de niilismo, triunfam sobre as galerias, arrebatam as poltronas-pulmão. Ninguém percebe que são crisálidas fincadas ao texto, já que meros abortos de insetos".

"Concordo", acrescentava o Mané. "Não fosse assim, já estaríamos vivendo uma nova fase da civilização, em que pontos e elenco poderiam assinar felizes o conluio legítimo das artes."

"Também acho, Mané", era eu com uma observação ainda mais conciliatória. "O Alberico disse uma coisa muito certa. Ele tem toda a razão do mundo quando reduz os atores à condição de potência que jamais se realiza. Chego até a imaginar o teatro sem a participação de atores, só movido a lógica perfeita em si mesma, delineando a ação por meio de esquemas mentais exatos, ditados, é claro, pela gente."

Eu me enxergava como precursor superatrasado do teatro simbolista e assumia a importância de tantos fumos de pensamentos. Não eram debates rancorosos. Encarávamos os atores como órfãos de Deus, gente que precisava de um apoio espiritual sistemático. Eu sentia a cabeça enterrada no proscênio diante dos atores, e as costas de uma concha para a patuléia e a orquestra, formada por quarenta elementos de alta periculosidade tonal. Para mim, a felicidade passou a ser coordenar as falas com a gravata borboleta aparente, enquanto lá embaixo eu estivesse de ceroulas brancas, ou mesmo sem nada, satisfazendo necessidades libidinais imperiosas a partir do momento em que a catita Cândida Leal eletrizava os homens com seu jeitinho sertanejo na pele de Caluta em *Os cangaceiros*, a seguir religiosamente minhas marcações e frases.

"Pontar ou apontar", explicou-me certa madrugada o discreto Santos do Trianon, "representa materializar no palco as idéias do autor, abolir o improviso dos pavões e pavonetes e fazer o encenador acreditar que as idéias são só dele. Um trabalho profundo de trucagem persuasiva."

"É a verdade", admitia o Alberico, fingindo relutância. "A pura verdade da técnica! O controle do espírito pelo espírito do controle! Enfim, o controle do controle!"

Não é por nada, juntava eu, que pontos se transformaram depressa em autores, como Samuel Rosalvos, braço direito de Abigail Maia e galã primeiro do cinematógrafo nacional nos filmes-dramas *A Viúva Alegre* e *Paz e Amor*, mandados fazer por Segreto e o apóstata Rêgo Barros. Eu convivia com o fulcro sagrado da arte. Depois ensaiávamos ensaios, marcações e técnicas. Nessas coreografias do saber, a felicidade parecia única.

O anticlímax residia no São José, para onde tinha de voltar com os neurônios aos pulos. A música das burletas da temporada de 14 vibrava lenta e sem graça. José Nunes não formava nem uma costeleta do Carlos Gomes em noite de fracasso da *Fosca* no Belém do Pará. Mas Antonieta Olga, ah, Antonieta dos meus ais, a mesma tentadora aparição! Ela namorava um coronel mecenas do teatro, sem dar esperanças para um pobre artista oculto como este. Sete palminhos de olhar seu eram suficientes para refutar todo o cabedal silogístico dos meus gurus. Cala-te boca bem calada, cala-te bem, não diga nada!

Dou um pulo ornamental sobre minha juventude e adianto que a queda de popularidade do meu ofício foi aplastrante, para usar o chavão. Se nos meus vermelhos anos o ponto fazia Roma em um dia, hodiernamente ele representa um elemento passadista e é pecado incluí-lo mesmo nas peças mais fuzarquentas. O preconceito deu cabo da minha vida utilitária, e a dos mestres do ofício. Mas não me lamento. Posso reconstruir em papel a saga de um genuíno artista da gramática teatral. S. Praxedes, santo imolado na arena da correção, seria lícito afirmar, na glosa do dramalhão de tanto sucesso do Eduardo Garrido. Ao enfrentar meus primeiros desafetos, tive a consciência exata da grandeza da profissão. Mas faço prédicas no deserto, como no início dos meus tempos. Espírito do controle... Àquele jovem quase ingênuo estava destinada a pior das provações...

3.
CANGOTE, BAAL E FOX-TROT

Agora o salto parece maior que os anos. Percebo que o trololó não era mais que uma alucinação movida a bilheteria. O monólogo a seguir, auto-retrato à guisa de prelúdio ao meu perfil, seria pateado em cena aberta. Gravei-o em acetato para depois o transcrever. Imagino-me sob as luzes do palco do São José na cena capital de *O pé de anjo*, de Cardoso de Menezes e Carlos Bettencourt, pouco antes da Apoteose, na noite de 28 de abril de 1920. Até então, o número cauboiano de Ottilia e de Pedro Dias, vestidos a rigor do Oeste, dançando juntos o fox-trote. Raphael, um dos personagens da revista vivido pelo malévolo J. Figueiredo (que ficou famoso pelo papel do comerciante de tecidos José Chameaux naquela revista), entra a dizer: "Chegou o cordão do seu José!". José (Alfredo Silva) vem gritando: "Pára! Pára! Pára!". Ele corre indignado para os que entram. "Isto é deboche comigo?" Vê o pessoal do cordão: "Que vejo?! O polícia à paisana, o Agapito, fiscal, o tal do trem? O Vernardino?!". Pausa. Diz Agapito (João de Deus): "Vamos cair no maxixe em honra dos heróis da Mi-Carême...". Neste momento surjo do buraco, pulo no palco todo pimpão. "Calma! Calma! Peço calma, pessoal!" Todos estacam surpresos. Encho o peito e recito assim: "Caríssimo público, vocês não me conhecem, não devem ter visto o meu rosto em nenhuma das representações que tanto êxito fazem na praça Tiradentes. Eis-me aqui pela primeira vez no centro do palco. Não dispo ligas, não ponho seios à mostra nem pulo janelas como os gabirus que cunham as torrinhas. Tampouco faço o garboso formigão. Sou o ponto desta peça e de muitas que passaram nesta casa desde 1913, com exceção de uns dias adoentado e da excursão da companhia em 1916. Meus correligionários Manoel White e Izidro Nunes, que aqui labutam no mesmo buraco, não me deixam mentir. Há muitos anos sinto o calor de vocês, sem poder contemplar-lhes as fisionomias. Hoje me apresento. Sou o artífice da continuidade dos diálogos (pose heróica, imitando a estátua eqüestre de d. Pedro I que decora a praça Tiradentes) e da maquinaria infernal do palco cênico. Pouco sobraria de atores hoje consagrados se não fizesse eu a função educadora. Pontei aos galãs mais amados as frases que os tornaram eternos no coração da rapariga tímida. Sussurrei as frases de amor da galã que serviram para conquistar o coió mais relutante. E já vi muito estrelo escangalhar-se no chão por errar uma fala fundamental, inculpando-me depois, logo a mim. Foi o caso, me lembro, do... (alguém da platéia o interrompe) O quê? Pareço cacete? Peço desculpas ao senhor aí atrás. Não me culpem por ser o que sou. Na verdade fui sendo. A noite hoje está quente e as luzes me doem nos olhos. Hoje a Espanhola completa quarenta e oito meses. Naqueles dias eu queria me jogar sobre o caminhão dos defuntos porque minha família ia nela, transportada por um Caronte desenxabido de tamancas. Um homem do povo, de lenço no nariz para suportar a travessia. Quinzena sinistra, dizia o Mari. Os elencos foram dizimados. Luiza morreu vergastada pela praga maldita. Meus pais, meu irmão Pedro Augusto, que havia me trazido para este recinto, com o olhar esperançoso. Não sei a quem me dirijo, é como se eu estivesse dentro desta cúpula (bate nela, beija-a). A Conchita de tantas recordações e fiascos testemunhados de nariz colado no canastrão pior do mundo. Mas, meus amigos, não estou aqui para me lamentar (limpa o pó da roupa). Vou contar a vocês a história real do trololó. Maestro, vamos entrar no maxixe! (Música de fundo, aparece do canto direito do proscênio uma bailarina mulata rebolativa.) O trololó é uma ilusão, meus queridos! Vejam Frivolina rebolando no proscênio, sem meias e quase nua. O trololó me fez esquecer da existência. Passei os melhores anos da minha juventude fascinado por ele. Frivolina, a musa azevediana da revista, é só mulher. Sabe a mulher. (Cheira o cangote da bailarina, revira os olhos e suspira com um sorriso beatífico.) Comidas, meu santo!! O requebrar da maxixeira constituiu o alimento de minh'alma por séculos que pareceram segundos. As canções de Bento Mossurunga criaram a atmosfera ideal para um espírito errante como o meu. Acaso pensam vocês que me tornei alegre ou sarcástico por causa do teatro ligeiro? Nada disso. Sou um melancólico tresmalhado nas pilhérias mais estopadas. Muitas vezes me deixei levar pelos cacos (as "bexigadas", como diziam os antigos) da estrela, sem me dar conta de que fugia de minhas obrigações de reconduzi-la ao bom caminho. O trololó atuou como a metafísica que nunca se me incorporou. A fé que jamais alimentei. Agora sou um indivíduo triste porque perdi todas as oportunidades de estrelato. Um dia Ottilia me chamou para o palco num caco eqüestre inesquecível. "Venha, ponto, venha, Praxedes! Não perca seu tempo aí embaixo a me fazer crer que sei meu papel! Venha, suba e dance um shimmy comigo!" A dengosa era ela, de cabelos futuristas copiados da rival Julinha, como o público apelidara a requebródroma Júlia Martins, ai, ai meu Deus, que cena! Ela a cavalo do Maia, em traje de bumba-meu-boi. Fiquei vermelho, vocês não notaram. Eu estava protegido pela cúpula do ponto. Aqui, maquinista, ilumine o fundo do palco. (Praxedes vai até o buraco e aperta uma chave. Ouve-se o barulho.) Vocês estão vendo este telão de gaze? Pois foi para trás dele que saltei naquela noite memoranda. Ottilia esforçou-se por me resgatar à cena e Izidro Nunes, então diretor cênico, já intervinha furioso, puxando-a para as coxias para passar-lhe uma descompostura e o desconto no ordenado. Fui também repreendido, enquanto vocês riam do vexame. Eu pulei com estas ceroulas que a terra um dia há de comer para o fundo do palco, empurrado pelo Maia. São Praxedes dançou o shimmy com Ottilia, e vocês riram de mim como de um *clown* porque dei topada nas síncopes e perdi o que restava das ceroulas. Era tão tarde e chovia tanto que não fui para casa. Também que casa? Em 1920 eu morava na pensão Beethoven, situada à rua da Glória, 72, lembro-me bem, que Lambda chefiava com ares de rainha da Bélgica. Improvisei uma cama no poço da orquestra e dormi o sono dos injustos. Sonhei com quem? Com vocês, procedendo ao meu linchamento, enquanto o maestro Nunes conduzia tudo com sua batuta dourada. E agora cá estou eu, quase a rir de mim mesmo. Que maçada! Vocês acham graça, né? Também acharia se estivesse na posição em que vocês se encontram, em cadeiras confortáveis. Vieram para cá a fim de rir, né? Eu os perturbo com uma jeremíada sem pausa, sem causa. Sempre dei as costas a vocês e agora me vejo levado a dar satisfações. Vêem aquele espelho? Ali, ó. Contra-regra, contra-regra! Cadê o espelho? Ah, aí está... (Pára um momento, com a mão ao queixo.) Pois vocês acreditam que eu não tenho mais coragem de mirar-me nele, com medo de enxergar Julinha, Beatriz Martins, Frivolina ou Ottilia ou Cândida ou Luiza, gargalhando deste pobre pecador? Tenho medo de ver os cenários das antigas burletas voltarem no reflexo, caleidoscópicos, vagalúmicos. Vivi da farsa, da imagem mais pérfida do cínico de vaudeville. Acompanhei o cientista maluco de Arthur Azevedo, doutor Fritzmac, que juntou em uma mulher os sete pecados capitais. Queria ser um Baal hipostasiado em sete virtudes. Armei tantas vezes um forrobodó abstrato com o Remorso, meu personagem favorito. (Dança passos de maxixe, sem jeito, tropeça.) Mas remorso do quê, meu Deus? Ouvi todos os sambas, lundus, coplas e corta-jacas de nossa época. Testemunhei o triunfo e o fiasco do pessoal inimigo. Presenciei (arregala os olhos, fixando-se em uma dama da platéia na terceira fila) a primeira baiana de chinelas, visão comparável à do Santo Sepulcro para Madalena. Ó, ferro! Espetei a nacionalidade no álbum multicolorido deste cenário. (Olha para trás e constata que o cenário é outro.) Maquinista! (Apita para chamar o homem.) O cenário, por obséquio! (O maquinista vem à cena e muda o cenário existente para um com tema de Carnaval no Rio.) Fui o único a ter defendido *compère* e *comère* no palco, facilitei-lhes a vida até que os revistógrafos-modistas resolveram eliminá-los. Presenciei o fim dos enredos. Sem querer, perfeitamente, meus senhores. (Dirige-se à platéia, com um inclinar de cabeça.)

Eu me fiava em que todos me seguiriam no momento em que *comère* e *compère* dessem o fora. Mais uma vez fui iludido pelo otimismo. Era claro como uma lâmpada que não ia dar certo. Estas madeiras, a bâmbola, a gaze, a mulher de preto e vermelho que continua requebrando feito uma tenente do diabo (é das minhas!), as quatro cortinas deste teatro sabem do que falo, e creio que vocês também. Este palco parece ranger como sempre (dá passadas barulhentas, exagerando na força). Mas tem algo diferente. Vêem a caixa ali? O ponto está sendo expulso dela. (Agacha-se e olha com paixão o buraco do ponto.) E a revista vai acabar por causa disso. O drama, é bom nem falar. Cala-te boca. (Levanta-se, recompõe-se, solta um pigarro.) Senhoras e damas de ambos os sexos, senhores e dignitários do clero aqui presentes, sinto dizê-lo, mas levo comigo o arcano da gargalhada que os encantou durante quatro décadas. (Anda e ri de maneira forçada, escandindo cada ah, ah, ah, depois faz uma carranca.) Defunta-se comigo o trololó que me viu ser parido. Frivolina, vem, minha nega. (A dançarina ao fundo aproxima-se dele, que a abraça e começa a se dirigir às coxias. Praxedes pára, lembrando-se de algo importante.) Requebra, minha santa. Ah, sim! Agradeço e peço desculpas àqueles que desagradei com fala inculta. Boas-noites, se houver. (Faz uma reverência de *primo uomo* em estilo de salamaleque, enquanto exclama, à parte, expressando desagrado: "Ó, ferro!".)

Uma cascata iluminada de palmas e risadas é represada com fúria pelo Lopes. Ele interrompe a minha bexigada alegórica. Dá-me, sorridente, uma cotovelada e um safanão, convidando o elenco a se mexer e disfarçar: "Vamos fazer a grande Apoteose ao *Pé de anjo*". E Mi-Carême (a Ottilia), a gritar: "Ao maxixe!". Sou puxado com violência pelo contra-regra para as coxias, enquanto todos cantam a cópia do "Pé de anjo", de rei Sinhô, por obra de Bento Mossurunga: "O pé de anjo/ Pé de anjo/ Quarenta e quatro bicos/ bico largo.../ Pé que quando pisa/ Algum mortal/ Joga com ele/ no hospital". (Bis.) "Tás vendo a melódia que cometeste, hein, Praxedes?", berra-me o contra-regra barbudo, batizado com nome de século. Chama-se XX, em glosa do Humberto de Campos. O doido do Izidro Nunes, diretor artístico do espetáculo, fulmina-me seus óculos de lentes de iceberg com raiva ancestral: "A placa de serviço já foi riscada. Tens todo o salário descontado por tamanha insubordinação, ouviste bem? Amanhã esteja no seu posto, que é o buraco e nada mais!". Nunca na história da era cristã o sucesso havia voado tão alto e a inveja abatido de modo tão fulminante. Aceito cabisbaixo a penalidade e enxergo pela coxia o que se passa no teatro. O público sucumbe ao maxixe, a orquestra produz um alarido dos purgatórios e os atores, suados como cavalos, põem pernas à mostra e seios nus! Meu monólogo cai no olvido pelo efeito corrosivo da dança excomungada! De nada valeu, ó meus pecados! Leio no dia seguinte a crítica do Mari: "A destacar: a apoteose dos abajures, sonho de som, luz e cor. Concorreram para o sucesso poderosamente os *compère*s e o monólogo-surpresa a cargo do estreante S. Praxedes, digno de sinceros elogios, já que despontou da cúpula de ponto para o êxito no centro da cena. O monólogo foi um caco enorme introduzido pelo ator no texto original da revista. Um toque futurista que talvez tenha contrariado os autores. Mas revelou uma virtude que qualificamos de máxima: a graça espontânea e o espírito natural". Rio de mim mesmo. Não posso mais voltar ao fulcro das atenções, isso não! O Mari bonzinho demais comigo. Saí no picadinho do Mari, como se diz no jargão, mas pouco importa. Colocou-me no mesmo nível da apoteose dos abajures, mal posso crer. O elenco não me invejou por achar um horror sair no picadinho. Ao contrário, meus camaradinhas quiseram me linchar. Ottilia, com seus dentes pronunciados num sorriso sempre igual, mesmo quando era presa de ódio, como naquela noite, agarra-me pela orelha e ironiza: "Então achas que rivalizo com a Julinha? Não uso cabelos *art-nouveau* porque não sou da época do Bahiano. É puro 1906, 'Vem cá, mulata', Maria Lino, lundus do Tomaz de Souza! Que qué isso, hein, rapazola?! Toma tento, olha lá!". Vira-me a cara e a página. Nunca a vira tão esquentada. Ela costumava se comportar com a aluna do colégio de freira que cursara antes de seguir a vida do palco. Mossurunga, paranaense sempre impaciente e grosseiro, condena a citação do nome dele em meu monólogo. Larga da batuta da orquestra, pega-me pela gola e exclama, com censura: "Assim não tens futuro, Praxedes!".

Caí no riso e todos me imitaram. Não praticávamos a tragédia, pombas. Que futuro que Mossurunga teve? Nem arte pensava que fazia, o coitado! Hoje se trata de um ancião aposentado algures na selva do Paraná*.

---

* A repentina desintegração do maestro Mossurunga da vida teatral carioca, em 1930, não permitiu que Praxedes soubesse de seu paradeiro. Mossurunga era primo de dona Lambda e faleceu dos vivos, no Paraná, em 23 de outubro de 1970. Nos anos 30, os arredores de Curitiba ainda esbanjavam uma frondosa selva de araucárias. Ali viveu os últimos capítulos da existência em vida o notável autor da sinfonia *Pintassilgo dos pinheirais* (s.d.) e da música da revista *Gato, baeta & carapicu* (1920), isolado e magoado com o corte indiscriminado das árvores. Sua consciência ecológica se deu muito tardiamente. Vide ZIG-ZIG BUM!, Josué Miguel. *Mossurunga, o Mowgli musical do Paraná*. Edição comemorativa dos dez anos da morte de Bento Mossurunga. Curitiba, Editora Prefeito & Governador, 1980. (Nota de J.M.Z-Z.B!, Luís e Paulinho.)

4.
CORROSÕES DO "FADO LIRÓ"

Arre, o futuro era uma caveira, ora, meu bem, dizia o meu comparsa baeta e boêmio Visconde de Bicoíba. Era tudo perdido com a morte do meu patrão, mas eu não notava e não fiz o monólogo acima transcrito com sua respectiva fortuna crítica. Mari escreveu só metade daquilo que citei como dele, devo confessar. Não fui mencionado no seu picadinho porque assisti a tudo da cúpula, cegado pelo excesso de luzes oníricas dos abajures. Somente agora penso no desastre que aquela luz ostensiva assinalava. Vejo-me inconsciente da queda que iria me suceder em breve. Como é humorístico retroceder e se dar conta do quanto fomos cegos, surdos e abúlicos para o acaso vizinho. É como se a eternidade já fizesse parte de mim, incubada na inconsciência da juventude mortal. Errei pela movimentação dos artistas. Meus olhos brilhavam e cumpriam a sina do espetáculo. Mesmerizado pela falência moral e o excesso de agitação, estaquei. Julguei integrar um elenco que me desprezava. Na verdade, eu me considerava parte dele. Achavam que eu atuava como censor. Beatriz Martins brigou comigo uma vez porque eu insistia numa frase e ela jurava que não havia lido. "Não tem disso aqui, não, Praxedes. Minha parte não tem isso e não me venha ensinar a reza pro padre porque te arrebento a cara, ouviste, ó gajo?" Era portuguesa. Tinha um alvo-róseo de faces incomparável, os olhos molhados para a saudade, que não tinha. Pois naquela tarde fez uma carranca grotesca de barco do São Francisco. Sentou-me a ripa sem que eu tivesse percebido a passagem do palco ao proscênio e à caixa, da fantasia que virou de súbito a brutalidade ensandecida de uma estrela. Beatriz, esfreguei-lhe o texto nos beiços de mel cristalizado para ela aprender. Nunca mais falou comigo, saiu reconhecendo o erro e a me odiar para a eternidade. Eu a amava com canina devoção. Ela se ria de mim. Passei a zombar dela para disfarçar. Chorei a cântaros a desilusão platônica de um amor escangalhado.

As coristas vieram providencialmente em meu socorro. Corria 1918, às vésperas da cruel e pertinaz epidemia. Como um farol de amor imortal, conduzi uma delas para o catre do porão da casa dos meus pais. Pouco depois, o lar querido seria tragado pelas corrosões do "Fado Liró". A mulatinha sestrosa maxixeira, Luiza Lopes, a requebrou o lundu do maçadas só pra mim durante o resto da madrugada em nu patrístico. Uma belzeboa capaz de erigir o altar para Leão Magno, devorou-me com as ancas decididas de dançarina. Correspondi com fúria libidinal, ela gemeu todas as cançonetas da moda enquanto dominava suas ancas, mas no final não consegui controlar aquele espetáculo. Luiza teve febre e indigestão. Correu de fininho pela porta dos fundos às quatro e meia da manhã, sem que minha mãe notasse o latido do cachorro do vizinho. Eu estava reduzido a um cristão mastigado e engolido pela besta feroz do instinto humanitário. Neste ponto eu me irmanava ao público da revista, eu e ele cada vez mais famintos de sexo sincero.

Voltei no dia seguinte para o teatro com o vigor do Phenix Dramatica. A pândega me consumiu a rigor. Cheguei às seis da tarde, uma hora depois do horário, diretamente dos escombros do passado. Adentrei a caixa com ares de Pierrô reabilitado. XX olhou-me com cara feia, bem como toda companhia ali presente. Trabalhávamos em três sessões noturnas, às 7h, 8h15 e 10h. Obrigava-nos o Segreto. Era de arrepiar. Por falar em arrepios, o ano da doença designada pela pitoresca expressão "influenza espanhola" correspondeu aos dias de ápice de Ottilia Amorim. Ela brilhou imune à praga que destruía o povo fluminense e muitos de suas rivais, ao todo mais de trinta mil almas penadas. A coisa foi tão grave que já no fim deste ano fatídico os habitantes do Rio, atores inclusive, já haviam substituído inteiramente o termo "fluminense" por "carioca". Quiseram levar para o túmulo o patronímico que tanto bem lhes fez durante o século de Mário de Alencar. Pois Ottilia, venerada por sua formosura brejeira e raro engenho cômico, figurava maxixes, olhos negros enormes e esquetches para delícia do mundo da noite. Começou muito cedo. Aliás, eu, ela e Mari Noni demos inícios a nossas carreiras de sucesso no mesmo ano. De fato, ela havia debutado meses antes como corista da burleta *Peço a palavra*, no Carlos Gomes. Dizem que viajou para Portugal no ano seguinte como pataqueira, vivendo a pão e fermento. Em 1913, no Chantecler, conquistava o posto de atriz. Tinha minha idade e já fora guindada à fama. Havia chegado à companhia em fevereiro de 1918, com pompa completa, sintomaticamente na opereta *Sonho fatal*. Naquele tempo, eu já ansiava pela respeitabilidade e mirei-me no compositor Freire Júnior para me posicionar como estudioso das camadas mais populares e do nosso incipiente folclore urbano. Um ponto, afinal, pode e deve entender os anseios da população e das estrelas da companhia. Ottilia, naquele dia do meu atraso, explodiu como uma *prima donna* do Real Teatro de São João do Dom João. Apontou-me o dedo lá de cima do palco. "Assim não dá, Praxedes! Com que então sais pela madrugada para a orgia e se atrasa. Conto contigo, senão é caco só, olha lá, hein?!" O tom era maternal. Mas eu sabia que ela estava enciumada com minhas derrapagens sexuais. Luiza provavelmente a informara sobre a noite da congestão orfeônica que passamos juntinhos. Eu vendia a Ottilia a imagem de bacharel do folclore e ela me ouvia com desvelos de orientanda. Prometi-lhe uma revista para um futuro muitíssimo próximo. Menti que me inspirava nos seus meneios maxixentos. Conquistei-a de chofre. O ponto reserva para os instantes de sedução um poder hipnótico acima da norma, do bem e do bem mal. É que duas semanas antes, em maio de 1918, rolávamos e arquejávamos sob o palco do São José numa dessas madrugadas de veranico fluminense. Ottilia possuía olhos amendoados negros que pareciam orvalhados o tempo todo, alta, magra, de cabelos negros ondulados. Mas em negócio de amor era igual a todas as outras, com um talento especial para prender seu homem em amarras subterrâneas imaginárias. Não me despertou, porém, o amor que eu cultivava em estufa pela Beatriz. A cena de ciúme a que me refiro se deu na noite da terceira apresentação da fantasia O *Caradura*, de Guilhermina Rocha. Estávamos, se não me engano, em junho ou julho de 18. Guilhermina homenageava um amigo nosso comum, cuja história mais tarde abordarei. Fiz ouvidos moucos. A primeira sessão ia começar. O teatro cheio à cunha. Tudo ocorreu em cena aberta, outra vez e como sempre. Ottilia interrompeu um número inicial (dançava com nem me lembro que formigão) e passou a fazer uma bexigada daquelas. "Onde estava eu..." Aí olhou para mim com um olhar de diaba, sempre sorridente: "Vamos! Via! Tu ficas parado a olhar pra mim!". Ora, era já um erudito no assunto e aquela cena ela estava tirando de O *tribofe* do Arthur Azevedo, uma das poucas que ele dedicou ao assunto. Mas não era possível, Ottilia ia me expor uma vez mais aos seus desígnios mulheris. Não sabia exatamente a parte que o ponto fala, mas emendei com ironia reagente: "Sei lá onde estou. Esta peça é um horror!". Gritei isso bem alto, para que todo o teatro ouvisse. Gargalhada geral. Ottilia não se intimidou e disse, outra vez se remetendo a Azevedo: "Dê cá a peça!". Arrancou-a da minha mão, começou a olhá-la e disse para mim, com um sorriso cínico: "Olhe... aqui!". Não estávamos no *Tribofe* e me vi sem o texto-guia, a fantasia poderia ir por água abaixo se ela não mo entregasse. Saí no encalço dos *compère*s João Martins e Alfredo Silva. Só vi uma nuvem. Eles fumavam respectivamente cigarro de palha e charuto, esperando a deixa para voltar ao palco. "Que que tu fazes aqui, Saturnino?", sussurrou Alfredo, orelhas de abano, gordo e com uma dentadura tão larga quanto seu chapéu de palheta volátil entre a fumaça. "Olha, a Ottilia pegou a peça e está com ela em cena. Não posso tocar campanhia nenhuma e corremos o risco de fazer fiasco. Por favor, na próxima entrada tira o texto dela, é questão de vida ou morte." Não tinha contado ao diretor, que roncava enquanto o caos parecia se estabelecer pelas mãos da estrela. Alfredo aceitou a missão. Mordeu-me o nariz pouco antes de arremeter acompanhado pela nuvem de fumaça para o palco, todo pimpão. Voltei a meu buraco, confiante nos dotes cômicos do *compère* maior da companhia. Ottilia estava maravilhosa com seu vestido reto, futurista, que ela estava lançando no palco. De rara beleza e inteligência, ela notou quando meti a cabeça na cúpula e riu para Silva. "Vê só, compadre? Ele voltou!" "Estimado público", anunciou Alfredo. "Gostaríamos de esclarecer que, se até aqui houve tropeços, eles são de responsabilidade do ponto!" Os dois se agarraram num maxixe tão contorcido que acertaram meu rosto duas ou três vezes, sob as gargalhadas estrondosas da audiência surda. A revista seguiu sem minha intervenção, aplaudidíssima. Uma confusão dos dragões da Independência. Os papéis se trocaram, o caco se assenhoreou do espaço. A Via Láctea tropeçava na risada e eu me sentia afrontado pessoalmente pelo *compère*. Mas fui ter com eles às gargalhadas, para não fazer feio. Ottilia me beijou e me deu um beliscão secreto, como a dizer, tu vais me pagar, meu nêgo! E o ciúme? Oi, já passou! Havia dado o fora, como uma mariposa atraída por abajures mais cintilantes. Tudo terminava em sarcasmos mútuos e riso geral. Tragédia era coisa vedada durante o reinado da estrela máxima do São José. O ponto curvava-se ao direito consuetudinário da fuzarca.

5.
MUNDO EM CACOS

Por força do hábito, do cansaço, da tabela de serviço que eu passei a controlar no lugar do contra-regra ou do meu charme irresistível, todos finalmente passaram a gostar de mim no São José. Minha autoridade se fez sentir já em 1917. Mordiam então as abas do meu nariz com liberalidade. Eu representava o urdimento mais explícito da arte revistográfica, o mascote do rigor nos fundamentos metafísicos da forrobotonia. Não sei até que ponto é lícito prosseguir nas insignificâncias que vivi, principalmente agora que a Espanhola se aproxima como espectro inevitável nesta história contada a convulsões da lembrança. Talvez não haja sentido nos meus recortes, mesmo que eles contenham dados novos para os historiadores, gente que não passa de caçadores retroativos de recompensa. O leitor de folhetim aprecia dramas intensos, um herói com topete grandiloqüente. Deixei-me conduzir pela desordem típica do meio em que trabalhei. Algum ator desabusado há de dizer que eu, na pele de ponto, deveria tentar pelo menos ser linear e cronológico. E eu lá sou ampulheta, por acaso? Para quê? De nada me valeu a coerência e o apego ao vaivém das normas ao longo de minha atividade. Sou o exemplo da derrocada da razão no teatro ocidental.

Converso com a máquina de escrever como se o tempo não importasse. Emperno com ela mil maxixes de imaginação. Vejam vocês, não tenho vontade de me deslocar da marca de 1926, porque tudo mudou para mim. A partir de 1927, pontualmente, o despenhadeiro se abriu ante meus olhos, era o futuro em pessoa, cadavérico, brandindo a clava da destruição. A clava era o microfone, o emblema da Idade da Lâmpada. Até então eu conhecia o autofone das máquinas falantes. Era um cone metálico dentro do qual todos deixavam os bofes de tanto gritar (o que a crítica dizia da "visceralidade" do Pedro Celestino não era uma metáfora). O microfone tinha um formato obsceno, servia para que os cantores do rádio nascente o lambessem, sussurrantes como pederastas. As vozes se tornaram mais finas e suaves e nossa gente de teatro ficou sem o bico. A Casa Odeon teve a audácia de montar o estúdio de gravação na imensa cúpula do Teatro Phenix Dramatica, ocupada até então por trabalhos de cenografia. Chegou um instante em que a cúpula substituiu o palco no Phenix. Meu colega Francisco Alves, que estreou como segundo palhaço no São José sob minha direção, inaugurou a era elétrica no suplemento de julho de 1927 da Odeon, gravando "Passarinho do má", aliás do bailarino Duque, o que roubou Maria Lina de nossa convivência, carregando-a para a Europa para lançar o maxixe em 1912. A zona teatral deixou de existir naquele mês preciso. Chico Alves então me levou para prestar serviços como ponto na efêmera companhia de esquetches do Chantecler. Vejam com Ottilia de novo, estrela da companhia Chantecler, lá onde ela tinha começado catorze anos antes. Chico gravava no Phenix e comandava a festa no teatro vizinho, o Palácio, ao lado da irmã, Nair, e da amásia, a vedeta Célia Zenatti. Girava de um lado para o outro, ensacizado pelo sucesso. Lembro-me do número "Charleston", esperneado por um quinteto de crioulas pintadas de carmim, e Chico, pula-pula com trejeitos de capadócio redivivo fantasiado de filósofo com chapéu de palheta. Realmente, a Espanhola fincava varizes definitivas na nossa vida cultural. Eu já estava morto e sabia. A sensação de felicidade foi um colosso. Tenho o direito de me segurar nos anos 10. Delicio-me com tudo o que vivi então. Meu paraíso é anticatólico por se situar nesse passado pontual de treze exatos anos de nevrose revistográfica. Ao longo da maldita década de 20, continuei a viver a mágica de um serviço fenomenal. Mas tudo degringolava sem que eu percebesse. Eu me tornaria tão obsoleto quanto o lundu ou a fantasmagoria da Inana representavam para mim no meu auge. Haveria de ser refugado com o maxixe, os caronas, os gabirus e as meias de lã das coristas. Os anos 20 foram a continuação natural da influenza. Dizem que ela durou dois meses, mas se incrustou no espírito das pessoas. A partir de então todos se apressaram em viver o momento. A morte era o artigo de fundo de qualquer conversa, ato, burleta que agonizava. Imaginem vocês como foram tratados os pontos daquela hora em diante, nós, os mercúrios da lógica. Sem a gente, o teatro estaria abandonado à confusão dos atores e diretores. Eles não possuem a técnica do controle. Ponto é o médico da blenorragia dos egos em colisão, o positivismo a serviço das peripécias e reviravoltas. Sem ele, o diretor se perde na própria assinatura. Os atores afogam-se no narcisismo integral ao se verem sós no palco, desobrigados de observar o texto inteiro. Tornam-se indirigíveis sem o ponto. Mas não tratemos disso por ora. Por pensar assim, fui derrotado pelos tempos. Magoa-me perceber que os proscênios dos teatros recém-construídos não sejam mais equipados com a concha do ponto, um item fundamental para a continuação da arte de Dionisos.

Desejo errar pelos decênios de fastígio da minha atividade, que, no olhar retrospectivo, tornaram-se o início do declínio fatal. Não sigo a ordem cronológica porque não a experimentei. Se me repito é por haver me deparado com situações idênticas entre si, diálogos e personagens que se copiaram inimigos duplos de padrão imutável e mulheres com o mesmo perfume e manias. Não houve um progresso orgânico no que realizei. Minhas franjas de lembrança são restritas ao espaço de um furo no palco. Amarguei um oco único e destempado, se me permitem cunhar um neologismo. Fui retirado à força dele, porém ali permaneço. O buraco é uma forma única de preencher o mundo. Tudo foi trocado no espaço teatral, o lugar do ponto tampado, mas corremos como os riachos soterrados pelo bota-abaixo da urbanização. Um dia voltaremos numa enchente, os buracos serão reabertos e os microfones danificados serão entregues aos borbotões da nossa fúria. O teatro voltará a ser verdadeiro. Assim o prometo.

6.
O TRAIDOR DA CATEGORIA

Despenco, despenco... despenco-despenco-despenco. Há quarenta e três anos venho despencando, como num monólogo que agora copio e adapto ao palato das massas ignotas. Sou artista de um único papel. Papel que nunca aparece, mas se intromete na trama; o de monitorar os outros papéis. Na hora agá sou quem dá as marcações, as falas, os gestos, o correr da cortina. Sem mim tudo resultaria numa caatinga de falas. O ponto existe na razão inversa da qualidade dos atores. Testemunha e experimenta todas as fantasias, sem fazer parte delas. Esperei todas as peças passarem para me dar conta de que vivi quase nada. Assisti às revistas, mágicas e burletas sempre do mesmo lugar, sentado numa cadeira de palha, a franzir o cenho, a reclamar, a me debater com artistas rebéis, pontando-os com vigor do Hércules Farnese, tio do Farnésio Dutra, vulgo Dick Farney, o rouxinol de Copacabana. Mais que os pássaros de arribação, a exemplo de Farnésio, conheço cada árvore genealógica. Sinto-me, assim, no dever moral de demonstrar o papel pedagógico do meu ofício.

É preciso lembrar que a Associação dos Pontos Profissionais (APP) foi fundada em sessão inaugural realizada na Casa dos Artistas em 16 de novembro de 1920. Estive presente, assim como centenas de milhares de companheiros, como os famosíssimos Samuel Rosalvos, Vianna Júnior, Mario Ulles, Expedito de Castro, Ferreira da Silva, Manoel Alves Pereira de White, J. Castro, J. Almeida, Luiz Rocha, Manoel Garcia, Lopes de Almeida, Viana Júnior, Manoel Pinho, Carlos Silva, Candido de Castro, Eugênio de Castro, Alberico Melo, Antonio Teixeira, Izidro Nunes (mais tarde encenador), o Santos do Trianon e Léo Leopoldo, todos disputados a lances altos pelos empresários locais. Discursou o decano dos pontos, Adolpho de Faria, ainda em atividade, funcionário aposentado dos Correios, amigo de meu pai e dos meus dois tios (eram trigêmeos). Encontramo-nos com a seriedade conveniente à nossa classe. Era um momento solene, ainda que tardio. Estávamos sob a espada de Dâmocles, sem prévio conhecimento. Devíamos seguir o cerimonial de nossa entidade. A espada seria golpeada no vácuo mais cedo ou mais tarde, como a reviver o gesto húngaro agregado a nossa confraria desde a coroação de Pedro I.

Segundo o rigoroso protocolo, o ponto não mantém relações de amizade profunda com o colega de profissão. É regra, mesmo porque vivemos isolados na pororoca de palco e audiência. Nossos encontros na calada da noite eram predominantemente epistemológicos, ou gnoseológico, como quiserem. Mas todo ponto se liga a outro por laços ainda mais profundos que os de amizade. Um deve zelar pelo semelhante outro na doença, nas vicissitudes econômicas e mesmo nas pendengas com atores recalcitrantes. Não admitimos o vilipêndio por parte da outra classe. Penalizâmo-lo com atos intidimidatórios, os quais não devo revelar aqui por motivo de segurança nacional. Outro detalhe que dou de bandeja ao ulterior demônio imemorial: caso um ponto não observe as normas que o regem, precisa ser eliminado da classe, sob quaisquer meios e circunstâncias. O meu ex-colega Rêgo Barros, um paraense de mil gargantas, acólito do dono de teatros pouco nacionalista José Loureiro, lusitano rival de Segreto, escreveu no seu opúsculo *Trinta anos de theatro*, publicado em 1932 (fez circular alguns capítulos em folheto já em 1915, com enorme sucesso), que deixou o ponto porque subiu na carreira. Não foi bem assim. Quis ele ocultar o fato de gozar hoje da reputação de *persona non grata* de nossa classe. É o antiponto por excelência. Foi o melhor dentre nós a ter passado pelos teatros Apolo e São Pedro. Mas tinha uma língua de retalho de chita. Espalhava com brilho cegante os segredos do pessoal para todo leigo que lhe perguntava sobre os mistérios da caixa. Uma noite de novembro de 1915, no restaurante Stadt München, lugar de encontro de toda a boêmia no largo do Rossio, bem ao lado do São José, pegamos o Rêgo de jeito e o levamos para um quarto escuro de bordel das imediações a fim de dar-lhe a lição que merecia. Levou umas dezoito lambadas e foi destituído das insígnias de ponto. Teve, o infeliz, que devolver a medalha Mattecoulon que ganhara cinco anos antes, por mérito em pontadas no interior de Sergipe. No livrinho, ele reincorreu no erro. Sem delongas ou comos, escreveu que o maior mistério para o público era antigamente a caixa do teatro. "Era assim uma espécie de maçonaria, tal o mistério em que era tida", afirma. "Todos ignoravam o que lá se passava, tal como na maçonaria. Chegavam a ser duas fontes de terríveis mistérios: a caixa do teatro e a maçonaria. Dizia-se até que penetrar em qualquer desses mistérios era penetrar no Inferno, ir para a convivência de Satanás." Mais além, afirmava que "se lá existem diabos são só de mágicas, ou diabinhos de saia, tentadores, perigosos e terríveis". Rêgo denunciava ao planeta a presença de elementos do sexo frágil em nossas instalações mais recônditas, nos buracos sob as conchas sacramentais. Um despautério e um depaupério. Queimamos centenas de folhetos numa pajelança secreta, em presença do autor. Ele se defendeu, afirmando que se referia no livro não à "caixa" do ponto, mas a tudo o que estava instalado do pano de boca para dentro, à "caixa" teatral, aos bastidores. Não cremos, não lemos e o pau comeu. Ele lançava mão de um expediente criptográfico para falar mal da gente, ora bolas! Hipnotizamos Rêgo para que acreditasse que subia na vida ao abandonar o buraco. O resultado foi seu livro, uma olimpíada de lorotas e insultos. Demos-lhe um pontapé no traseiro, gritando: "Adeus, coisa ruim!". A saudação às avessas não era casual, como nada em nós, pontos, o é. Rêgo Barros havia feito muito sucesso em agosto de 1913 com a revista *Adeus, ó coisa!*, estrelada por

Abigail. O paspalho devia tudo à atriz. O poema era péssimo, diga-se de lambuja. Mas "Coisa", como passamos a chamá-lo, estava hipnotizado pela idéia de eternizar-se como autor. Miserável bobalhão!

Para combater esse tipo de praga dentro de nossos próprios favos, muitas vezes promovemos cursos de mesmerismo a fim de desenvolver nossa sensibilidade paralela. As técnicas de Mesmer permitem que mantenhamos contato telepático enquanto nos ocupamos com uma passagem especialmente cabeluda de uma peça. Também podemos nos valer desse dom para orientar atores mais dóceis. Temos, portanto, história, dignidade e luz própria. Ou tínhamos.

Estabelecemos na reunião uma tabela salarial. Passei a ganhar quatrocentos mil réis, o que dava para viver folgadamente na época. Uma entrada do São José custava em média cinco mil réis e nem precisava pagar por ela. Engraçado na atividade é que nada me influenciou, nem me afetou no plano interno. Eu já nasci feito e não julgava possível haver revezes.

Naquele ano desapareceu dentre os vivos, como escreve o talento cômico do Mari Noni, nosso patrão Paschoal Segreto. Os pontos foram ao enterro, presenteando o defunto com a maior guirlanda floral do velório. Perda irrepetível. Foi a pá-de-cal em uma era, finda, aliás, dois anos antes. Presenciávamos as exéquias da revista vincada no texto longo. Nós, pontos, como já devem lembrar, formávamos uma coorte de homens do teatro ocultos pelas circunstâncias cupulares e crepusculares. Só os nossos elencos nos reconheciam. Assim, a maioria dos atores, diretores, ensaiadores, carpinteiros, alfaiates e maquinistas não decorava nossos rostos (assim como nós privilegiávamos a fisionomia coxal). Isso fazia nossa força e padecer. Não tínhamos permanentes nos bailes carnavalescos do Club dos Democráticos, Tenentes do Diabo, Fenianos e Cordão do Bola Preta. Aliás, além de simpatizante dos Pepinos, sou baeta, sócio benemérito dos Tenentes e não me preocupo porque herdei o título de papai. Lá sou conhecido como

Marquês do Beco da Carioca. Falo no presente de circunstâncias que não voltam jamais. Enterrávamos praticamente a nós mesmos naquele réquiem odorado de êxito do Segreto. A flor da humanidade surgiu por lá para prestar homenagens. O que veio depois contei antes. Chamo de período da grande purgação de S. Praxedes. Para riso geral, ele volta a acontecer em breve.

7.
CABO DA CLAQUE

Não tenho me ocupado dos atores. Estes cavalheiros de triste bócio endêmico só me provocaram risadas e hemorróidas. Eram concorrentes, de certa forma. Mas falarei deles também, ora se vou! Já vi muitos desses que se consideram medalhões se atrapalharem em papéis de alta esfera. E muito capadócio ser carregado em glória nos ombros da claque que pagou para si e os seus. Tantas vezes permiti que fossem introduzidas no palco guirlandas de flores que eles haviam encomendado para si mesmos. Eu me ria da vaidade humana. Gostava dos *claqueurs*. Eram gente de classe, apreciadores da boa flor do século, e arteiros de alvitre genérico. Os cabos de claque ajudavam-me no trabalho, pois lá da platéia reforçavam a minha luta contra as falas escangalhadas pelos formigões. Tudo é um triunfo para o *claqueur*, assim como tudo soa como retumbante fiasco para o ponto. Àquele cumpre aplaudir indistintamente a quem lhe alugou os préstimos. Produz a glória instantânea, como nenhum amigo da crítica pode fazer. Ao ponto resta ralhar em cena e aplaudir fora dela. Constrói talentos a fórceps. Quando não o faz, é o culpado pelo fracasso do canastrão. De certo modo, o *claqueur* está mais próximo do glamour do que o ponto. O ponto é um posto avançado da crítica cujo objetivo está em evitá-la.

Devo contar a propósito a história de como fiz o êxito de um ator. Mas não como ponto. Urucubaca da perna grossa, foi a primeira e última vez que desertei da minha trincheira, vejam só! Aconteceu aí pelo ano de 1916. O diretor-encenador da companhia na época, Eduardo Vieira, me chamou num canto. "Escuta, Praxedes, a coisa vale a pena." O homem, em resumo, pediu-me que fosse o substituto interino por um mês do Clóvis Rosa, adoentado por pertinaz enfermidade masculina. Clóvis era o cabo da claque do São José. Aceitei o encargo, mesmo porque representava um vultoso aumento nos meus proventos. Para um maníaco por ordem como eu, o serviço de reger uma dúzia de gabirus e cacatuas me parecia fácil. Meu comparsa Manoel White foi convencido às pressas para ficar na caixa, ou à caixa, como querem os gramáticos.

Pois bem. Lá fui eu todo pachola, armado de lousa, giz e entusiasmo necessário para levantar os contratados das torrinhas laterais, tradicional sítio dos *claqueurs*... Estávamos no Carnaval mais melódico dos últimos tempos, os três dias de ouro da "Caraboo", pessoal! A música era um sucesso da dupla Os Geraldos. Todo o Rio castigava o corpo ao som daquele one-step vagaroso e besta, que dizem vinha do Caribe e ainda por cima cantado por dois gaúchos, o Geraldo e a Nina. Contava a desventura de um plebeu decapitado, cuja cabeça entoava o refrão amoroso à princesa índia Caraboo. Os gaiatos desfilavam pela avenida fantasiados de sem-cabeças, no remelexo e cantando o refrão: "Ó minha Caraboo/ Dou-te meu coração/ És a minha paixão/ Para mim só tu/ Minha Caraboo". Mania municipal era aquilo. Eu os via se aproximando do teatro, vindos da rua da Carioca. O São José era o primeiro à esquerda na rua Visconde do Rio Branco, praça Tiradentes, para quem vinha da Carioca. Durante os festejos momescos, era o primeiro a ser invadido pelos foliões. A Visconde continua a Carioca. Tive então a idéia infeliz de convidar para a terceira sessão uma dúzia do cordão de sem-cabeças para constituir a claque do acrobático Pedro Dias. Ao cabo cabia arregimentar gente alegre para os espetáculos, em troca do bilhete gratuito e, às vezes, um encontro com o ator patrocinador das palmas.

Levávamos a revista carnavalesca *Dança de velho*, de Peixoto e Bettencourt. O maxixíssimo Pedro Dias fazia um aproveitador de trouxas anciãos. Contava piadas, dançava, cantava e, no final, todos caíam na fuzarca do tríduo momesco e a diversão durava até a apoteose. Nossa função era aplaudir o Pedro Dias e a *mondaine*, interpretada pela mulatinha Júlia Martins, taxímetra soberana naqueles instantes pré-Ottilia. As claques das duas primeiras sessões foram disciplinadas e ajudaram a levantar a carreira da nossa adorada Julinha. Deu-se então o horror. Os sem-cabeça adentraram o recinto na maior sem-cerimônia. Nem mesmo o mamute do bengaleiro do teatro, meu célebre amigo Caradura, de cuja terrível história me ocuparei em capítulo para frente, conseguiu conter a matilha. Estavam embriagados, agitados, e só então pude notar que eram todos carapicus, defendiam as cores alvinegras do Club dos Democráticos e sobraçavam a cabeça com cara do peixe inspirador da agremiação. Que urucubaca, pensei na hora, já que, baeta tesoureiro, costumava encarar fenianos e carapicus como péssimo augúrio. Dito e feito. Os doze começaram a fazer um banzé nas torrinhas. Exortaram a pacata audiência a cantar com eles a "Caraboo". Gritavam: "Vamo lá, negada, vamo cantá a 'Caraboo'!". A luz vermelha apertada pelo Manoel White vibrava do meu lado, indicando que todos estavam desesperados com a baderna e eu devia tomar providências. A peça ia recomeçar, batiam as dez badaladas, o apito de White soou. A platéia já fazia córos na "Caraboo". Sorridente, naqueles tempos eu não me preocupava com nada, mandei que calassem e eles obedeceram, mas foi por só alguns segundos. O público não parava. A entrada de Julinha, vestida com luxo moderno, delgada como uma escultura *art-nouveau*, deixou os *claqueurs* alvoroçados. Começaram a pular, rebolar e dançar, a repisar a "Caraboo" e impedindo a galã de balbuciar qualquer coisa. Julinha saiu com a mão no rosto. Palavras de baixo calão e insultos se sucederam. Havia uns dois anos que os anúncios do teatro já não prometiam espetáculos "da mais rigorosa moralidade". Aquela infâmia carapicu, porém, extrapolava todos os limites da indecência. Vivíamos um tempo em que as mulheres haviam trocado o espartilho pela *jupe-culotte* e o vestido reto, o cinematógrafo e a Inana mostravam cenas de adultério e de operação de crianças xifópagas, com entrada permitida só para homens. Eu havia sido criado no hábito de desassombro. Mesmo porque os safados irmãos Quintiliano produziam burletas da mais rigorosa amoralidade. Mas o que o cordão de carapicus decapitados estava perpetrando não tinha endereço. Penduravam-se agora para fora das torrinhas, ameaçando o público. Momentos depois saltaram no palco e, sempre aparentando sem cabeças, fizeram uma ciranda em torno do Pedro Dias. E não é que o público começou a rir a valer? Nessa altura, o White já tinha sofrido uma síncope lá no buraco e Vieira corria em minha direção.

"Que qu'é isso, Praxedes, pára isso, Praxedes!!"

Parecia meio-dia, o interior do São José iluminado *a giorno* e Pedro Dias disfarçava no improviso de danças diversas para tentar domar o cordão.

"Voltando a seus lugares, pessoal!", ordenou Dias, com um sorriso de compadre perfeito. O cordão aumentou a velocidade e a euforia da dança saltitava e bulia com nosso ator. Ele foi envolvido por um carrossel multicolorido de vidrilhos de decapitados e perdeu a noção de equilíbrio. Caiu de nariz, para a alegria da platéia. "Mas ninguém tem jeito mesmo, hein?", falou o ator com uma careta que parecia estudada. "Polícia!! Polícia!!" O chamamento causou um efeito inesperado. Os carapicus deram o fora do palco, aboletando-se novamente nas torrinhas. Dias soltou uma gargalhada: "Não é que esses companheirinhos são do forrobodó?".

O público veio abaixo com a cortina. Foi mais um triunfo de Pedro Dias, graças a mim e às confusões carnavalescas. Vieira queria me mandar embora enquanto sentia na pança os aplausos estrepitantes da flatuléia. Eu nem dei por isso porque me ocupava com o cordão.

"Olha, gente, a Julinha não poderá vir, mas pediu que eu lhes fornecesse oito mil réis para uma corbélia de flores para ela na apresentação de amanhã, por favor se retirem e muito obrigado."

Era uma brincadeira, porque a gorjeta fora dada pelo Pedro Dias, feliz com o sucesso. Foram os carapicus saindo tristonhos com a impossibilidade de ver a atriz que lhes pagou entrada, mas satisfeitos com os réis. Está claro que não voltariam nunca mais. O Vieira no meu pé queria explicações. "Que culpa eu tenho, hein, Vieira? Os sujeitos eram indomáveis. Mas foi tudo bem porque a peça acabou aclamada etc. e tal." Acontece que eu ria muito. O diretor se viu na obrigação de me dispensar. "Vá embora pra casa, Praxedes, e não aparece mais por aqui! Estás despedido!" Dei uma gargalhada ainda maior. "Então você dispensa o melhor ponto desta espelunca sem eira nem beira só por causa de um episódio carnavalesco? Era só o que faltava para o fim definitivo da companhia." Dei-lhe as costas e daí ele reconsiderou.

"Espera, Praxedes, não é bem assim. Mil desculpas, vamos tomar um chope no Stadt München, que tal?"

Fomos os dois para uma noite de fuzarca acompanhado de duas dúzias de coristas. Fomos às ruas para nos misturar aos pierrôs, diabos e colombinas, entoando "Caraboo" e o "Fado Liró". O cordão do São José tomou parte do corso alegórico da Rio Branco e fez o maior dos ouriços. A fadiga não vinha naquele tempo. Eu não suava, não cansava, não comia. Ah, juventude... Aspirávamos éter e tomávamos o conhaque do otimismo. Chamei o pessoal para se juntar aos Tenentes e foi um forrobodó lendário que só terminou dois dias depois na estação de Cascadura, sei lá por que fui parar por lá nu e abraçado a uma palhaça neguinha adorável, no meio de um monte imundo de confete e serpentina. Cobriu-me com uma capa de lantejoulas e fomos terminar a festa no buraco do São José, pois eu tinha levado a chave.

Por mais que eu me esforce em captar a vida pregressa, lembranças do tempo aquele não contêm elementos trágicos. O final resulta invariavelmente alegre. Não havia vocação para Ésquilo na nossa companhia. Tudo se resolvia nas noitadas de café-concerto. Eu me deixava levar. White também não teve o ataque e veio com a gente, a trazer o bilheteiro Amigo Leal consigo. White era precocemente calvo. Tinha trinta anos, mas aparentava mais, talvez o dobro, apesar da jovialidade e da tolerância que o caracterizavam. Não houve ponto mais discreto do que ele. Praticava uma espécie de pantomima, para não ser notado. Confesso que minha voz era uma das mais titânicas naquelas representações afogueadas de três sessões seguidas. Havia quem me elogiasse o timbre de barítono cantante, muito semelhante ao do Mário Pinheiro, o *chanteur* que fez a Europa se curvar ao Brasil, como diria o palhaço Eduardo das Neves, por haver o amigo cantado no Scala de Milão. Minhas emissões vocais eram ouvidas com esperança. Como o caso daquele coronel do interior que foi elogiar Vieira porque nunca tinha ouvido ponto melhor na vida. "Deu pra ouvir toda a peça, parabenize-o por mim, tá bem?" Eu, Vieira, White, Pedro Dias e Leal conversamos por horas sem parar e naquela madrugada decidi que nunca mais iria sair do meu posto. Leal veio com esta: "Como cabo, mereces ser rebaixado!". Todos caíram na gargalhada. No tablado ao fundo do restaurante, a *chanteuse* Anãzinha, loura, caolha e vestida de odalisca como numa opereta, estrilava "Caraboo". Rimos mais ainda. Anãzinha olhava para nós porque fiava que conseguiríamos algum emprego para ela no teatro, quem sabe em troca do quê. Desceu do palquinho e foi se aproximando, com olhares quiméricos (eu diria meio-olhares...) e requebros da fatalidade. Era a deusa ciclópica do *boudoir*. Em locais ainda menos familiares, fazia um *désabiller* total e, nua em pêlo como o diabo de mágica a despachara rumo ao mundo, encantava a todos com suas formas perfeitas, apesar da escala minúscula. Tinha dimensões de joaninha adestrada no Circo Spinelli. Com as coristas, seguimo-la sei lá para que cabaré. Lá, ela fez o desnudamento a prestação e anunciou com a ceroula uma madrugada de paxás, com ópio, *cocottes* e cachaça. O Leal apareceu com outra: "Essa demônia só é gozável com lupa!". Risadas. Anãzinha deu então início à parada, momento em que as damas desfilavam as reentrâncias e curvas diante dos cavalheiros para uma eleição. Foi neste átimo que escapamos dos quebrantos de Anãzinha, correndo pelos fundos da casa para aspirar o orvalho virgem da manhã. Mal sabíamos que aquelas noites memoráveis não iriam se reprisar. E lá imaginávamos as asas brutas do urubu malandro que se fechavam sobre a cidade?

8.
PAUSA PARA UM COLCHETE

Abro um colchete didático-histórico. Ele poderá ser ignorado pelos leitores com pressa. Trata-se da primeira tentativa de ensaio historiográfico sobre a geração espontânea de meus colegas de profissão. O *corpus* deve não ser muito gostoso aos amásios de carne humana do sexo contíguo, que formam, com certeza, o grosso do meu público leitor. Quem, pois, tiver desejos sensuais de conhecer mais detalhes sobre as trapalhadas e ouriços de nossas vedetas e formigões sem se preocupar com o mecanismo gerador dos pontos no tempo, que salte rápido este capítulo laplaciano, como o fiz também, porque o escrevi sem mais o ter revisto. É o que há.

Os pontos mantêm um código de honra e comportamento só comparável ao dos maçons livres na época dos arcádicos Andradas ou dos cavaleiros do Santo Graal. Intitula-se "Protocolo Especial do Ofício do Ponto e Reflexões Correlatas Sobre o Melodrama". O texto, anônimo, remonta a tempos imemoriais pré-primitivos. Abro outro parêntese, e ainda um terceiro. É atribuído ao *seigneur* de Mattecoulon, um dos seis irmãos do filósofo gaulês Michel de Montaigne. Ainda possuímos nos arquivos da associação, que me coube conservar, um exemplar em francês arcaico datado de 1576, em edição muito semelhante ao da *Apologia de Raymond Sebond* de Montaigne, escrita naquele ano. O tomo chegou à América portuguesa no navio da família real em 1808. Mais tarde, por sugestão do marquês de Marialva, d. João presenteou o livro ao castrado Francesco Realli.

Último espécime de seu gênero a ter vivido em terras tropicais, Realli se viu obrigado a trabalhar como ponto nos estertores de sua carreira na notória Companhia de J. Arnaud no Alcazar Lyrico Fluminense", lá na antiga rua da Valla (hoje Uruguayana). Adotou o nome francês de Martin e se destacou por se interessar por Ana Manaresi. A vedeta secundária estreou em 1868 no palco do cancã, em período que os homens trocavam seus reinos por Aimée, a atriz francesa que fez o Rio vibrar. Ao morrer, "Martin" legou o volume ao filho, o inclusive ponto Manuel Porto, que trabalhou por longas datas no Phenix Dramatica e cheguei a conhecer, velhinho sem rosto, no início de nossa batalha diuturna pela legalização profissional.

Samuel Rosalvos traduziu o livro para o português no início dos anos 10 e realizou algumas pesquisas no Arquivo Nacional com o fito de levantar a biografia de Mattecoulon. Nada descobriu, além de crônicas genealógicas da época, que dão conta de que Mattecoulon envolveu-se com o teatro no remate da juventude como cenógrafo e ensaiador. Exerceu, dessa forma, grande influência sobre as trupes de saltimbancos que visitavam seu castelo. Com uma ponta de orgulho justificável, o Rosalvos supõe que Mattecoulon consolidou a tarefa do ponto no nascente teatro dramático francês e chegou mesmo a desenhar o primeiro modelo de caixa de ponto, ou cúpula, originalmente concebido na forma de discreta herma funerária inspirada em monumentos tardo-romanos do imperador Heliogábalo.

O modelo de Mattecoulon teria sido levado à França por gente da commedia dell'arte. Foi também um pantaleão quem ensinou a técnica ao pessoal da Camerata Bardi. Criaram-se, por conseguinte, as condições para o nascimento do drama musical, já sob a égide de Ottavio Rinnucini, Vincenzo Galilei e outros sábios da época. Mattecoulon sugeriu ao fim do protocolo alguns procedimentos dramáticos que vieram a ser ampliados pela Camerata. Aconselha que a música se curve à poesia e o palco cênico se baseie na estrutura da orquestra do teatro grego. São pensamentos esparsos, escritos ao correr da pena de rouxinol gigante que lhe dera de presente Montaigne.

A nós o que importa em Mattecoulon é a definição das leis que regem nosso ofício. No Brasil, o ponto aparece pela primeira vez anotado em verso e prosa no ano de 1835. Chamava-se José Maria do Nascimento. Atuava no Teatro da Praia de Dom Manuel. A época era de ausência quase completa de espetáculos, logo depois da moda do lançamento de patacas de cobre ao palco, para insultar escandalosamente os artistas. Nosso papai de todos começou carreira como lançador de patacas. Mas em 1844, regenerado depois de pegar cadeia e ser processado, virou partidário da soprano Augusta Candiani contra a Clara Delmastro (antes das paixões clubísticas carnavalescas, os fluminenses se engalfinhavam nos partidos teatrais, que nada mais eram do que fãs-clubes de divas, e foi ninguém mais do que Clara que organizou o primeiro baile carnavalesco da nossa história, em 1846, no Teatro de São Januário). Esse adorável profissional de cabeleira à José Bonifácio manteve-se na ativa por largas eternidades. Em 1843, lá estava ele no Imperial Teatro de São Pedro, ao lado dos novatos José Luiz de Azevedo e Joaquim Nostardo de Santa Rita. Seis anos depois, ei-lo novamente, de regresso à mesma casa. Só foi substituído em 1850 pelo semi-alemão João Bartholomeu Klier, isso porque Zé Maria estava como segundo contra-regra; Nostardo fazia as vezes de bilheteiro e enriquecia a grossas passadas. Naquele ano, a companhia italiana tinha um ponto, Dionisio Vega, também mestre de canto. Sete anos depois, ele transformava em diretor da orquestra e compositor com um renome paralelo ao do alemão Cristiano Stockmeyer, o Beethoven autóctone, autor de fanfarras inolvidáveis. Vega compôs a música da peça *O fantasma branco*, de Joaquim Manuel de Macedo.

Os pontos sempre subiram muito depressa. Só perdíamos em falta de prestígio para os bengaleiros, importantíssimos naquela época, e naturalmente para as primeiras-ingênuas e sogros virtuosos. Tanto fez Zé Maria (dizem que puxava os elencos para o buraco), que saiu do São Pedro em 1854, substituído por João José da Silva. Foi escrever o romance de sua vida, sem nunca o ter concluído.

Quando o verdadeiro teatro de revista apareceu, em 1859, no Teatro Ginásio Dramático, importado de Lisboa pela companhia do Sousa Bastos, o ponto era Luiz Marcello Leal. Castro e Silva, no mesmo ano, fez as vezes de ponto do São Pedro. Em 1860, o Ginásio tinha outro ponto, José Alarico Ribeiro de Resende, e Nostardo, o contra-regra. Meu pai e seus irmãos gêmeos foram alunos de Nostardo no liceu, por volta de 1879. Contava-me papai que Nostardo era um paspalho, incapaz de decorar o próprio nome. Abandonou o ofício por causa da amnésia e encerrou os dias emasculado pela sogra. Nos idos de 1861, no São Januário, o impopularíssimo Antonio José Vianna exibia-se como ponto. Ficou célebre seu arranca-rabo com o maestro Gusmão, que atropelava a cena com números de cancã, e as discussões na boca de cena com a diva Mathilde Gentile, fato que redundou na demissão da moça, acusada de incompetência máxima, dada a bebedeiras eqüestres e aventuras de qualquer gênero com o elenco e pessoal técnico. Vianna era mau feito um lobo de fábula. Mathilde o havia desprezado. Jurou dedicar a sobra de sua vida ao assédio do mulherio. Virou pai de clã.

Manuel Tavares Pinto Porto pontava o São Pedro em 1862. Diz a história que ele era tão grande quanto seu patrão, o grandecíssimo João Caetano. Muitas vezes subiu ao palco e ofuscou o elenco com seus números de prestidigitação. Contam os historiadores que ele era capaz de cortar a cabeça de um galo para minutos depois enxertá-la numa figueira. Ele finalmente solava a *Casta diva* enquanto jogava gamão com Porto, para estupefação da flatuléia. Casou-se com a bailarina Henriqueta, uma das milhões de italianas que bailavam no palco cênico da época. João Francisco dos Santos, por seu turno, encantava o Ginásio com uma voz poderosa; pontava as cenas de tal maneira que os atores não eram ouvidos. Com estrondoso êxito, substituiu o elenco inteiro e, mais tarde, a si próprio.

Em 1864, Francisco Soares pontou e despontou no São Pedro, apesar da resistência do *primo uomo* Miguel Archanjo, que de anjo só tinha o nome. Ele contratou dois esbirros para assassinar o ponto. Estes confessaram o atentado a Soares, que lhes desembolsou em triplo para apagar Archanjo.

Manuel Isidoro Rodrigues de Carvalho atuava no Ginásio naquele ano. Ele próprio no ano seguinte. Sempre agiu com discrição, a ponto de ter falecido no buraco durante uma apresentação, sem que ninguém se desse conta, até que um cínico se esqueceu da fala e viu o pobre profissional ali, congelado na concha, morto e com o dedo em pose dos ensinamentos que nunca daria. Mas aí a opereta dominava e o segundo *controleur* do microscópico Alcazar Lyrique era um tal de Forest, de cuja passagem ninguém tem informações seguras, salvo que colaborou como epigrafista do jornal *Ba-Ta-Clan Littéraire*, mantido por lacaios diretos do papá Arnaud.

Adolpho Apolinário de Faria assumiu o Ginásio em 1869, Martin seguia no Alcazar, como rival de Forest, na concha e na Manaresi. Josino Antonio da Silva era o ponto do São Pedro em 1870. Contam que o ator Vasques sapateava lunduns no topo do crânio do jovem ponto, até ele enlouquecer de rir. Em 1871, o Faria cansou-se do Ginásio e foi para o São Luiz, na companhia de Furtado Coelho. O ponto Francisco Antonio da Silva Costa lavou e encerou a temporada de 1871 no São Pedro, juntamente com Guilherme Malaquias no Phenix Dramatica e o felizardo Ricavi no Alcazar Fluminense, espectador das pernadas das *cocottes* mais interessantes do decênio. Ricavi mais tarde montaria uma casa luxuosa de prostituição, em sociedade com algumas coristas dos bons tempos.

O prestigiditador galinófilo Manuel Tavares Pinto Porto ainda mantinha o prestígio e se abrilhantou de 1872 a 1875 no Phenix, nos instantes de glória da polpuda estrela Júlia Plá, talvez a mais bela e desmemoriada de todas as ingênuas. Um dia, durante um quadro em que ela devia ser despertada alegremente pelo guarda civil, ao ser chamada resmungou: "Me deixa dormir, Fausto, estou pregada!". Pensava estar em casa. Fausto era seu amante. As torrinhas vieram ao chão. Enquanto as gargalhadas despencavam com tomates e ovos, Pinto Porto avisou o diretor que ia até a esquina comprar rapé, mas saiu correndo do teatro com medo de ser linchado. Exilou-se no Paraguai.

O Adolpho de Faria estreou três coisas em 1887: sua companhia no Teatro Lucinda, a instalação elétrica (o Lucinda foi o primeiro teatro com luz elétrica colocada na platéia da história do Brasil!) e a Cinira Polônio. Mas nunca abandonou o buraco. Até o último triunfo experimentou debaixo da concha.

Tudo culminou no Teatro Apollo em 1892, ano em que Vasques, Machado Careca e Brandão se uniram na Empresa Garrido & Companhia para celebrar a Plá e Anna Manarezzi (quase-homônima de Manaresi) em mágicas as mais estapafúrdias, que revoltaram a crítica em peso e o picadeiro em particular. O ponto... Quem era o ponto?

Nossos colegas de administração decidiram se esconder da história nos anos 80 e 90 do século próximo passado. Não há outros registros, até o advento de Mari Noni no horizonte boreal do jornalismo, em 1913. O colchete genealógico serve para que eu apóie a versão de que houve uma faxina de arquivos no período. A coisa só não piorou porque os meus antecessores imediatos trabalharam em prol da rememorização da categoria. Restauraram de certa forma a sucessão de continentes e conteúdos, esse desencaixar de figuras que veio dar em mim, remanescente talvez derradeiro. Na atualidade, quem se lembrará da gente?

9.
CRISTO MORTO ERA O MOMO

Bolas para tanta desgraça que se abateu sobre o pessoal no outubro de 1918! Nem queria tratar do assunto, mas que remédio. O dever me força, mas fá-lo-ei num próximo capítulo. Sou tentado a passear em volta da felicidade pré-Espanhola, quando tudo parecia adâmico e infinito. Eu seguia berrando para ganhar a vida. Meus pais me incentivavam, Pedro Augusto aproveitava as matinês de domingo para ver as atrizes e tomávamos sorvete na saída. Naquele ano, minha mãe, dona Balbina, foi assistir a O *mártir do calvário* na matinê da quarta-feira, dia 27 de março de 1918. Teve um choque térmico que abalou suas crenças. Tornou-se pagã num borboletear de olhos. Pagou a excomunhão com a própria vida...

A zona teatral purgava todos os pecadilhos durante a Semana Santa com a apresentação nos onze teatros do drama bíblico de Eduardo Garrido. Eram os instantes de santidade das belzebuzíadas do shimmy. O maligno J. Figueiredo ainda não ficara famoso por causa do papel de Chameaux. Fazia o tipo português gabiru e Jesus, um Cristo que foi surpreendido fumando pregado na Cruz e com sotaque português, mas um Jesus cantado em prosa da crítica. As coristas convertiam-se subitamente em penitentes. Ottilia viveu a Samaritana, se bem me recordo, e não a melhor delas da temporada, capitaneada pela dramática Davina Fraga. Anãzinha fez uma ponta como centurião. Virgem era a Elvira Mendes, com quem eu acabara de atravessar uma noite de amor. Ah! Ah! Ah! Ah! Ah! Ah! Trabalhávamos num Carnaval sem horário para fim. A Semana Santa obrava o contrário para nós. Tudo ficava de ponta-cabeça, ai, ai meu Deus do céu, a penitência nos divertia à beça. Os atores choravam e confessavam erros. O teatro se enchia à cunha de ex-votos e mensagens de graças alcançadas. Cristo era o Momo! E no Sábado de Aleluia tínhamos a fantasia da Mi-Carême, recheada pelas formas abauladas de Ottilia. O momo J. Figueiredo estendia as sete chagas com sangue vermelho vivo comprado numa tinturaria da vizinhança, deliciando-nos a todos. Era um Jesus sem barba. Todo mundo reclamava. A que o J. Figueiredo retrucava: "Se o Botticelli pintou Jesus morto sem barba porque eu não posso?". E fazia aquele Jesus pomposo e glabro.

Se alguém aí da leitura ainda não sabe, O *mártir do calvário* foi uma das peças mais representadas do século XX e a que mais forneceu material para piadas. Pois minha santa genitora hoje faz parte desse acervo inestimável. Tudo por causa daquela matinê sem vergonha. Ela sentou-se bem na frente, tendo ao colo a enorme bolsa que costumava carregar para todo canto. A Páscoa era a ocasião para as famílias irem conhecer as casas e as companhias de revistas. Mamã queria ver onde o caçula trabalhava. Todo responsável, postei-me debaixo de Conchita para pontar a multidão em palco, um dos piores serviços para mim, e já não era estreante. O elenco era arregimentado às pressas e o corpo de córos recebia um aporte proveniente das sargetas da Tiradentes, gente cujo currículo era se aliviar diuturnamente à sombra da estátua de dom Pedro I. Decorar o poema escrito em português acácio-camoniano afigurava-se quase impossível. Só o J. Figueiredo tinha tal habilidade, já que se imbuiu da convicção de que o drama e ele formavam uma única hipostasia. Mesmo quando fumava um charuto baiano em cena, como naquele dia, acreditava fazê-lo como o Cristo. Ao ver aquela entidade sacra adentrando o proscênio, enquanto as gambiarras baixavam iluminadas por mil bicos incandescentes de gás carbonado, dona Balbina acreditou também que o português se tratava de uma deidade. A confusão pontificava na representação. Os judeus se mexiam demais e viravam as costas ao público. Quando tinham que fazer alarido, ficavam quietos e eram socorridos por Alfredo Silva, especialista em imitar multidões com sua técnica vocal carusiana. Alguns centuriões escorregavam em gomos de jaca abstratos ou então tropeçavam nas próprias espadas, como Anãzinha, que parecia arrastar um arranha-céu preso à cintura. A Samaritana abria o seu característico sorriso esculpido em oitocentos dentes e ainda não havia me devorado, como o faria dois meses depois. Maria bocejava e se esquecia de uma fala, que eu berrava lá do buraco, cada vez mais agitado. Antes do fim do prólogo, o tempo virou, começou a chover e ficou muito frio. Todos estalavam a dentadura.

"Pelo amor de São Jorge, toma uma providência, Praxedes, merda!"

Assim falou Cristo, igualmente nervoso, brandindo o charuto na minha direção, como se eu não estivesse enxergando nada e fosse representante de São Pedro na terra. Atores têm desses surtos de responsabilidade. Só que eu não abandonava o meu posto e considerava aquilo ridículo. Cristo queria que saísse um sussurro, mas o resultado foi grito espasmódico. Minha mãe tinha ouvido tudo e, sem que eu percebesse na hora, levantou-se e gritou para o J. Figueiredo, encarando-o: "Se Cristo é isto, prefiro mil vezes Belzebu!".

Ouvi apenas a gargalhada resultante do vexame de dona Balbina. Depois soube que ela olhou, confusa, para trás e se retirou em choque, sob as vaias da patuléia e o espanto dos atores. Largou a bolsa na poltrona. Eu, lá no buraco, sem entender nada, muito menos que era a mãe, aplacava a fúria do corpo de córos, que queria avançar sobre a ofensora. J. Figueiredo, numa atitude clássica, levantou os braços aos céus e gritou para todo mundo escutar: "O culpado é o ponto!".

Eu só ria. A encenação foi ovacionada e atomatada, e pensei que mamã estivesse contente. Por isso não me preocupei, ficara combinado que ela voltaria para casa sem mim. Morávamos ali atrás, no beco da Carioca número 127, bem pertinho do teatro, então não haveria problema. Depois da representação, íamos prolongar a fuzarca *ad nauseam*. Vestia-me de máscara de Pierrô e anjo rubro-negro, parecia mais o urubu que já estava sobre nossas cabeças e eu não sabia. Ainda fantasiados, esperávamos por uma procissão para sairmos em cordão de degredados genros de Eva, arrastando correntes pelos paralelepípedos, chorando e gemendo na rua da Carioca. Antecipávamos a procissão de Deus morto em dois dias! Tinha popular que acreditava sermos anjos procuradores encarnados da Epístola de São Paulo aos Coríntios. Pedíamos esmola, com num tiro do Eduardo Garrido, este célebre versejador e amigo de Arthur Azevedo, exemplo de senso de oportunidade para todo autor que se prezasse naquela época. Farra imensa, calávamo-nos, baixávamos a cabeça e franzíamos o cenho, carregávamos o féretro do Cristo, erguendo-o como a apoteose monumental de *A donzela mulatinha*. Entoávamos a copla "Eu tenho por ti paixeca, ó Claudicéria!", mumificada em disco pelo Mário Pinheiro, em espécie de cantochão-cançoneta. Mas não se engane o cínico. Ou minha mãe. Não fazíamos aquilo como uma afronta à divindade. Pelo contrário, era a maneira que tínhamos para louvá-la de todo coração e conseguir alguns réis a mais no fim de mês. Da minha parte, eu não diferenciava um breviário de uma égloga fescenina. Para mim tudo significava celebração da alma fedentina das ruas e do mal de chagas. Minha musa era nacionalista. Levávamos Cristo como a dama mulatinha no carro alegórico. Jesus Figueiredo distribuía beijinhos, sem deixar de manter as pálpebras cerradas como numa escultura de Santo Sepulcro. Chovia muito, mas quem notava? Eu não. Já sentia aquilo no passado e ficava ainda mais eufórico. A sensação da morte, de tudo estar perdido, refrigerava meu ânimo. "Tô morto! tô morto!! tô morto!!!", tamborilava com a mão no ataúde de Cristo, ao compasso da marcha-rancho que levava o cordão momesco pelas ruas. Que diabo! Não é que eu, à frente do divertido féretro, fui escorregar numa pedra e a todos derrubei? Caiu o cordão de otimistas feito um dominó. As ruas gargalharam como nunca, e nós também. A chuva nos lavava das culpas. Meu rosto pelo furo da máscara na sarjeta sentia-se num riacho de sangue de nariz. A hemorragia era de felicidade e constatação do desastre. Um trovão derramou mais água sobre o pessoal. Era noite plena e ríamos sem pausa. Porque o cortejo não terminava, nunca ia terminar. J. Figueiredo tomou nos braços a Samaritana, Anãzinha sapateou um one-step com o Pedro Dias e a mãe de Deus me tirou prum maxixe de agitar o Corpo de Bombeiros.

Sempre industrioso, Mané White trouxe do teatro a bolsa da minha mãe e um barril de chope num carrinho de mão. Com ele também veio o maior de todos os cristos daqueles tempos, o jovem Olympio Nogueira, que morreria no fim do ano, pobrezinho, estava tão contente na maquiagem que o tornava igual ao J. Figueiredo, ou vice-versa. Samaritana se despiu para virar a Mi-Carême esperneando o cancã, toda em penas de pavão incrustadas de lantejoulas e máscara de Colombina. Maria arrancou as meias grossas. Noite afora fomos dançando pelas vielas, em silêncio, para não atrapalhar o luto da ocasião. Houve enchente. Estávamos no céu segundo Ottilia Amorim pertinho de mim. Os agora dois cristos estiravam-se mortos de bêbados e mandavam a aurora romper. Nos despedimos uns beijando e abraçando os outros. Peguei a bolsa e fui para casa. Minha mãe me esperava com o café da manhã posto na mesa. Meu irmão e meu pai ainda dormiam. De pé, diante do fogão, olhava-me aguda e diabolicamente. Já era uma pagã. Grunhiu: "Saturnino, meu filho, ontem eu sofri tanto porque descobri que Jesus te insultava como um homem qualquer e não o filho de Deus. Eu não mereci aquilo. Protestei. Fui rida pelo público e a companhia. Chorei a noite inteira. Teu pai notou e me pediu calma. Descobri que não creio mais".

Desatou numa risada feliz só estancada pela morte, no final daquele ano. E quem era eu para desconsolá-la ou arranjar argumentos que derrubassem a forte impressão deixada em seu coração suburbano do Catumbi pelo J. Figueiredo? Tomei café sem dar bola para a gravidade do momento e caí num sono endiabrado. A crise de fé de mamã me parecia efêmera, e muito grotesca. Mas ela se transformou numa mulher abúlica, quase surda-muda e sem vontade de trabalhar. Só ria pelos cantos dos sete cômodos do nosso sobrado. Aquele foi o último desjejum que preparou para mim e os seus. Nos meses seguintes, quem mais padeceu com o fato foi o meu pai, seu Joaquim, dono de quiosque, funcionário dos Telégrafos, cinqüentão alegre até então. Músico amador, papai tocava oficleide aos domingos num choro com amigos. Saía nos Tenentes, jogava nos cavalos e incentivava como ninguém o prosseguimento dos trabalhos de parto dos Pepinos Carnavalescos. Usava o codinome clubístico de Arquiduque do Beco. Com a euforia nevrótica de dona Balbina, ele passou a ajudar na casa, fazendo-nos trabalhar nas pequenas tarefas. Minha mãe ficava estendida na espreguiçadeira o dia todo, com os olhos injetados, as olheiras do tamanho de rodas de bicicleta e o sorriso largo. Naquela época, eu já tinha meus vinte e dois anos, mas pouco entendia do funcionamento do mundo. Quanto ao do teatro... Engana-se quem afirma a existência de um *theatrum mundi*. O orbe não se regia por pontadas e não havia cortinas para subir e descer nem chaves para abrir e fechar, dando as ordens diretas aos destinatários. Os atores da vida real me pareciam ainda mais desobedientes do que os de verdade. As tramas ardiam por tempo demais, arrastavam-se por anos e nem a velha Cinira Polônio pensou em 1908 num esquema de sessões contínuas (19h, 20h15 e 22h30) tão produtivo quanto o da cena aberta dos existentes. Toda hora era palco. O elenco se esfalfava, errava no rebolado. O diretor não reclamava, apenas punia. Eu notava os enredos descosturados, mas não havia tempo para ensaios. Os papéis vinham sem rubrica, como na commedia dell'arte cada ator tinha um papel único. Todas as falas, sem exceção, eram cacos. E não havia alguém que soprasse uma palavra mágica ou desse um conselho sobre a evolução da representação. Por isso me sentia feliz sob a concha. Controlava a cena, sem participar dela. O mundo me exigia o talento de ator, para o qual eu havia sido talhado. O instinto me levava ao esconderijo do ponto, no fulcro da boca de cena. Meu esconder era o máximo de mostra.

10.
RESMUNGO DE MACHADO CARECA

A distração em voltas me levou a deixar dona Balbina a rir na espreguiçadeira. Ei-la de novo. Ela não me via mais, só um espírito corado a sorrir. O fato é que naquela tardinha eu deixei minha casa aos risos para ir ao teatro, sem me dar conta de que era Quinta-Feira Santa e não havia função. As ruas desertas prenunciavam o que aconteceria em outubro. Só que eu não sabia de nada. De ressaca, errei pela cidade, linda sob as nuvens de chumbo. Caminhei em torno da praça Tiradentes, para observar os prédios. O Carlos Gomes, mirrado feito um coreto; o São Pedro, glorioso em seus três andares e pórtico neoclássico. Passei pelo Arquivo Nacional e atingi o quartel do Corpo de Bombeiros, de onde saíam os sons da banda, executando uma polca. Atravessei a praça da República e fui dar na Central do Brasil. Muita gente circulava e parava de repente, como um filme que congelasse a imagem, sem música. Mas era um átimo que só meu olho preparado observava. Logo o movimento retomava seu curso. Andei um bocado mais e admirei o morro da Favela, cortado pelos trilhos que levavam ao cais do porto e povoado de casebres de madeira. Ainda não existia samba como gênero de canção, o tal do samba de chula raiada, mas o pessoal de lá adorava uma batucada e naquela quinta-feira não era diferente. Todo mundo na rua, dançando e falando alto, tocando percussão dos infernos. Parei na praça Onze para ver o burburinho. Nada havia. Peguei a Visconde de Itaúna e andei pelo mangue inteiro. Boêmios, coiós e marinheiros atracavam nas meretrizes do local, cada vez mais variadas e alegres. Seus pregões, diversos dos de feira, eram sussurrados, acariciantes. Cobravam só dois mil réis por sessão. Todo mundo ia dançar o maxixe nos fandangos ali por perto, na travessa da Saudade. Era o cupinzal do populacho. O sol caía e os coqueiros do mangue se agitavam com o movimento, não havia vento para movê-los, somente os passos do maxixe. O Teatro Polytheama era aquele prédio comprido sem colunas da Visconde; parecia mesmo uma escola, e eu notei as luzes de gás abertas. Atraído pela imantação mágica da vida cômica, espiei pela janela. Dei com a cara do Machado Careca arregalando os olhos amendoados para um ponto além de mim, em algum lugar entre minha testa e o nunca. Não me viu. O velho ator que lançou o corta-jaca nos palcos se rendia à cegueira, ele que despertara a paixão avassaladora de Maria Lino na época do "Vem cá, mulata", em 1906, e até bem antes, no Eldorado da Lapa, em 1901, escravizando a estrela mental e corporalmente quando os dois fizeram o *début* do dueto do corta-jaca. (Estribilho: "Ai! Ai! Como é bom dançar! Ai!/ Corta jaca assim... assim... assim...". Ambos: "Mexe com o pé!/ Ai! Ai! Tem feitiço, ai!/ Corta meu benzinho,/ Assim... Olé...". Ele: "Esta dança é buliçosa, tão dengosa,/ Que todos querem dançar;/ Não há ricas baronesas, nem marquesas,/ Que não queiram requebrar... requebrar...". Ela: "Este passo tem feitiço, tal ouriço,/ Faz qualquer homem coió/ Não há velho carrancudo, nem sisudo,/ Que não caia em trololó... trololó...". Ele: "Quem me vir assim alegre, no Flamengo,/ Por força se há de render/ Não resiste com certeza, com certeza,/ Este jeito de mexer... mexer...".)

Lá estava Careca, reduzido a um túmulo decorado com penas de pavão, ainda mais feio do que de costume, o nariz reto de Pantaleão, a expressão matreira, magro e pequerrucho.

"Seu Machado, seu Machado, sou eu, S. Praxedes, ponto do São José!", me apressei em não o deixar na dúvida. "Ah, sim, querido, querendo, podes entrar. Tudo bem contigo? Vês que estamos ensaiando aqui *Os sinos de corneville*..."

Andava aos saltos e me abria as portas do teatro enquanto falava com voz grave e um leve sotaque português. O Polytheama estava engalanado e cheiroso. Ensaios gerais naquela época eram raríssimos e só acontecia aquele porque era a estréia da companhia, como vim a saber mais tarde. No palco estava a Abigail Maia, simpática e simples feito o camargo da vaca malhada, ou, como diriam mais tarde, a Mistinguett de Santa Rita do Fundão. Ela ouvia paradinha os conselhos de um homem corpulento que estava de costas. Careca cochichou: "O Rosalvos está dando algumas marcações para a Bibi, mas senta aqui, meu amigo, enquanto espero terminar o sermão".

Careca falava sem pausa. Não ouvia nem enxergava. Parecia não ter intuição alguma. Eu me portei com discrição, pois respeitava aquele homem como a um segundo pai de santo. Vi-o pela primeira vez ainda quando eu ia assistir aos espetáculos do Carlos Gomes escondido, levado por meu irmão. Era um histriônico de mão cheia, um maxixeiro grotesco, homem de bem, enfim. Fui-lhe apresentado numa noitada do Stadt München no inverno de 1915. Simpatizou comigo. Descarregou suas areias de amor parido de Maria Lino, que chamava de desgraçada, pois o havia trocado pelo dançarino Duque, foi para Paris e voltou como a rainha absoluta do maxixe, agora autodenominada Maria Lina, sabe-se lá por quê. Amaldiçoava-a apaixonadamente. Ela o desprezou depois que o surpreendeu, numa manhã de Páscoa, aos beijinhos com a corista Esperança nos jardins do Recreio. E Careca se desculpou, sem efeito. Ato contínuo, Maria Lino foi-se entregar aos sapatos bicudos do planejadíssimo Duque, hoje professor emérito do Conservatório Nacional. Me lembro que em agosto daquele ano o Assombro, que era revistógrafo e jornalista, conversava comigo na caixa do teatro sobre os dotes físicos da Maria Lino quando a moça apareceu vestida de demônia, trazida por fios invisíveis de cima para baixo, em descida lenta. Estava ensaiando uma mágica por puro ócio. Trazia o cabelo armado e as olheiras lânguidas traíam uma vida de vícios inconfessáveis.

"Carlos, meu querido, estás aí!", exclamou, ao ver o Assombro, na época louro, alto e bem-apessoado (mais tarde tudo lhe ruiu).

Sentou-se numa cadeira de palhinha ao nosso lado e a conversa durou até o início da função. A estrela tentava convencer o Assombro a escrever para ela uma revista e lhe dar a autoria, em troca... Tive que ir para Conchita naquele momento culminante da conversa e não soube na hora o que ela daria em contrapartida. Mas o Assombro apreciava a fama de mulherengo e não duvidava de que a negociação terminaria entre fronhas da pensão onde morava, na Glória. Maria Lino não perdia tempo. Quando se apaixonou por Machado Careca, benzinho no início do século, causou escândalo no seu protetor, um fazendeiro paulista que a mantinha a pão-de-ló e chá inglês. Todos especulavam sobre a atração que exercia o Careca junto às atrizes, pois era muito feio, mas possuía esse mel coado do sedutor, provenientes talvez dos olhos de gato siamês. Fato é que em 1915, já liberada das atrações carequianas, a então Maria Lina ansiava por galgar a roda da fortuna crítica. Insinuava-se para o Mari e para o Assombro e não duvidaria nada se ela não viesse para cima deste narrador, então em plena forma. Seu traço principal de caráter era o fisiologismo psicotrópico. Unia-se a qualquer um que lhe fosse útil. Agora que estava de volta da França, ninguém agüentava a pose. Careca roía-se de ciúme, preso a um outro teatro, acho que era o Phenix. No final da peça, o Assombro apareceu e me propôs um negócio que me soou péssimo.

"Saturnino, queres estrear como autor?"

Eu sabia que isso aconteceria cedo ou tarde, pois todos os pontos se tornam autores, para depois se devotarem a guardar bengalas. Só que não contava com um *début* tão prematuro. Sorridente jacaré, o Assombro pediu que eu pensasse num enredo e lhe trouxesse no dia seguinte um rascunho do poema, porque estava sem tempo para escrever. Ocupava-se na época em reescrever *Me deixa, baiano*, em parceria com o indigitado Rêgo Barros, estreada no Apolo durante o Carnaval. Me pagaria quinhentos mil réis pelo serviço. Não era nenhuma fortuna, mas correspondia a uma temporada de direito autoral sobre uma peça. Desde *Forrobodó*, levada à cena três anos antes, o Assombro significava êxito certo. Bastava que seu nome estivesse nos cartazes para haver chuva de patacas. Eu não contava, porém, que ele não fosse botá-lo no frostispício do meu texto, no qual obrei sobre a cama durante aquela noite, só de ceroulas, a atrapalhar o sono do meu irmão, que dormia no mesmo quarto. O raspado da pena da caneta ainda vibra na minha medula óssea. Foi uma madrugada de febres cerebelais. No início da tarde seguinte, eu estava na redação de *O paiz*, na avenida Rio Branco, para entregar para o Assombro a revista *Vaudeville no Pindurassaia*. A história se passava em 1865 entre o pessoal do famoso morro. Um capadócio português resolve montar num circo a versão para a ralé do Alcazar Lírico Fluminense. Arregimenta *cocottes* ali mesmo entre as mulatas e treina pedintes como malabaristas e cançonetistas. Sucedem-se pilhérias com tipos populares e um quadro para o criminoso Sete-Palmos, famoso na época. O *clou* da peça estava na quantidade de apoteoses: cinco, no total. Minha idéia era fazer uma revista só com pontos culminantes, e assim diminuir o papel do *compère* e pondo muita trama paralela. No final, todos despencavam na gargalhada, dançando o cancã ao som de um tango brasileiro, número talhado sob medida para as evoluções das cadeiras espasmódicas de Maria Lino. Para que não pesem dúvidas sobre meu estro buliçoso, transcrevo abaixo um trecho do prólogo.

Aos curiosos pelo final, convido a que se dirijam ao arquivo da Sociedade Brasileira de Autores Teatrais do Rio de Janeiro (SBAT) e solicitem uma cópia mimeografada do texto completo. Aliás, farão um favor se me enviarem uma, já que a perdi e não tenho mais ânimo de sair de casa.

VAUDEVILLE NO PINDURASSAIA
Burleta com cinco apoteoses
por Saturnino Praxedes

Dramatis Personae:

Antônio Joaquim Manuel: Capadócio português e empresário de circo bissexto.
Sambalelê: Fiel escudeiro do capadócio. Tem catorze anos e conhece o morro como ninguém.
Mulata Fuzarqueira: A melhor dançarina do morro, a mais bela e cobiçada.
Maria Rojão: Amiga de Fuzarqueira, embora lhe inveje a beleza.
Aimée: Ilustre dançarina do Alcazar Lyrique.
O Lundu: Preto retinto, dançarino na Cidade Nova. Vive como bilontra. Faz ponto na frente do Teatro Sant'ana, onde às vezes dá uma de cambista.
Espírito do Tempo: Gigolô, um apache *avant la lettre*. Explora Maria Rojão.
Ba-ta-clan: repórter mundano, galã e autor da peça.
Fungando: Sogro pouco virtuoso do Espírito do Tempo. Beberrão e conversador.
Dona Carioca: Matrona e chefa política da região. Mãe de Mulata Fuzarqueira.
Guarda Civil: Sua função é manter a ordem no local. Mas suas rondas noturnas se revestem de outras obrigações. Gosta de uma fuzarca.
Sete-Palmos: bandido.
Coro dos Bilontras
Coro das Lavadeiras
Mariposas

A cena se passa em 1865 no morro do Pindurassaia, Rio de Janeiro.

Prólogo: cena de cortina
(*Entra Fungando, vestido como um bêbado cambaleante.*)

FUNGANDO: Boa-noite a todo o pessoal das torrinhas e... que que eu ia dizendo mesmo? Ah, sim. O negócio é o seguinte, querido público pagante. Aqui dentro (abre uma fresta na cortina, espia dentro e olha para o público) é o morro do Pindurassaia. A gente vive bem nestas dependências porque nem o pauzinho do guarda civil não funciona. É! Todo mundo faz o que quer. A gente segue o que o Dostoievski falou nos *Irmãos Karamazovi*. Ele disse que Deus não existe, então tudo é permitido. A gente ainda crê em Deus, mas também crê que tudo é permitido. Fazemos o que dá na telha. Somos da turma do balacobaco jansenista. Nosso porta-bandeira é o Pascal. E o que faz um pessoal quando pode dar asas à imaginação sem dinheiro no bolso e um amor pra atormentar? Nada mais simples: festeja e cai na orgia o tempo todo. Mas antes de dar início aos trabalhos de parto deste espetáculo (o paspalho do ponto já tá me mandando sair), gostaria de fazer um intercurso didático. É sim! Não vou deixar o público na maré vazante do conhecimento! Vou ensinar uma coisa só, bem útil para as mocinhas e mocinhos aqui presentes. Não é o que vocês estão pensando, não!

(*Entra dona Carioca, com um trabuco na mão, botas e boné de policial.*)

CARIOCA: Chega de confusão, seu maldito alcóolico anônimo! Tenho que intervir porque vocês vão ficar boiando com a fala desta degenerescência da natureza. Há apenas uma verdade nisso tudo. A história que vocês vão ver acontece no morro do Pindurassaia em 1865. É uma trapalhada do autor, que, aliás, é o galã deste espetáculo.

FUNGANDO (*interrompendo com um empurrão*): É! Ele deu na veneta de misturar dois tempos em um só. Virou uma "gororobe", como dizem os franceses mais civilizados. É o diabo! Segundo fala a crítica, é uma peça sem *clou*! Ô Carioca, por que a peça não tem nem um "clouzinho", hein?

CARIOCA (*puxando-o para trás*): Dá licença. O fato é que nos anos 60 do século passado o *clou* não existia. Em 1865, o Pindurassaia ainda era um quilombo microscópico. Devia ter uns cinco casebres e meia dúzia de escravos fugidos que conviviam em harmonia total com outra meia dúzia de mariposas e bobalhões. Então o autor decidiu povoar o morro com mulatas e bilontras e lavadeiras e o pauzinho do guarda civil. A mulata só foi inventada como símbolo da sensualidade nacional em 1880, na época do Arthurzão Azevedo. Em 1865, a mulata era uma abstração, um projeto no cérebro do português dono de padaria, que salivava intensamente toda vez que a mucama requebrava as jacas. Naquele tempo, já existia o Alcazar Lyrique, teatro de operetas e vaudevilles da rua da Vala. As dançarinas de cancã do Alcazar viraram pelo avesso o Rio de Janeiro. O Macedinho falou que o Alcazar deu o início da decadência moral em nosso território.

FUNGANDO (*colocando-se na frente de Carioca*): É, mas o Machado de Assis gostou do chulé das dançarinas que faziam o cancã bem no seu nariz (*imita os passos do cancã*). Ah, o Alcazar! Que tempos, que *derrières*, que pernadas colossais! (*Cai sentado.*) Todo mundo desejava a Aimée, a *demi-mondaine* mais linda do teatrinho (*levanta-se, olha para o vazio*). Não sei por que a linha de produção de espartilhos gostosos como os do tempo do Alcazar não teve continuidade...

CARIOCA (*dando uma trabucada na cabeça do Fungando, que cai para trás, apatetado*): Cala a bo-

ca, bilontra! Bem, quando chegou o português no Pindurassaia no ano de 1865, encontrou o morro cheio de mulatas, malandros e operários, que só poderiam existir vinte anos depois. Não importa. Agora é presente e eu já não falo mais pra vocês. Meus interlocutores estão nos anos zero, eu acho. A verdade é que, na história do Brasil, o cancã veio antes que o morro e até ajudou a dar ele à luz. Aqui vocês vão ver o contrário! Bom espetáculo! (*Sai, puxando Fungando pela gola do casaco.*)
Forte na orquestra. Mutação.

Assombro levantou-se da máquina de escrever para me abraçar. "Gostei muito, Saturnino. Tá perfeito", disse alto. Foi até uma escrivaninha e tirou de lá um maço de notas. Fui para o teatro alegre com a conquista. Naqueles tempos, eu não pensava na noção de autoria. Para mim já tinha valor o fato de haver inventado uma história. No fim de setembro, o Eduardo Vieira veio à mesa de ensaio com um texto assinado por Maria Lino, com título copiado de um romance do Taunay. "Chama-se *Ouro sobre azul*. A Maria Lina me trouxe esse negócio com ordens do Segreto. Achei bom, ainda mais porque se trata da revista de estréia dela. É nosso próximo espetáculo, Praxedes. Lê e vê." Afundei-me na cadeira como em areia movediça. O texto era *Vaudeville no Pindurassaia*, só com título e autor trocados. O Assombro havia agido como intermediário e negociado meu texto com Maria Lino! Guardei o segredo e só o revelo agora, dezesseis anos depois da morte do Assombro. Considero um importante dado para a releitura da história da revistografia brasílica. Há dez anos o boletim da SBAT dedicou-lhe um número especial e fez a revelação: Assombro fora o autor de *Ouro sobre azul*, estreada em outubro de 1915 no São José como sendo de Maria Lino. Que mentira dentro da mentira! Lá estava eu sob Conchita, apontando a consagração definitiva da estrela como autora, com o coração partido em cinco chamas idênticas. Ali me dei conta de que jamais faria sucesso senão pelo nome de outrem. Nunca pontei um texto com tanta segurança como naquela feita. "Pra cá agora, senta no sofá. Agora sobe no tablado e dança. Vai indo pro lado, deixa o Alfredo contar uma pilhéria! Assim! Não, não! Pra direita, homem!" Meus gritos se ouviram na última fila do teatro e fui citado no quadro e descontado no ordenado por mim mesmo, cioso da obrigação de acatar reclamações do público. Ao final da temporada, a Maria Lino foi me beijar, sussurrante: "O filho da puta do Assombro me disse agora. Tô comovida, querido!". Me contou que trocara favores amorosos com o jornalista no ato da entrega da revista. Agora queria me compensar de alguma maneira, e me convidar para um chope. Caminhávamos em direção à rua da Assembléia quando ela estacou, chamou um carro de praça e me levou junto para sua casa, em Botafogo. Assim era Maria Lino, disposta a noitadas de amor que se consumiam no esplendor do meio-dia. Ao me retirar discretamente de seu palacete, senti pela primeira vez as glórias que a dramaturgia podia trazer, ainda que tardias. Nos braços enervados de Maria Lino, granjeei a eternidade do panteão literário, tornei-me um árcade póstumo. E pensar que em 1928 *O Malho* a apelidou de "compêndio de coreografia retrospectiva...". Coisas do despeitado Mari, que nunca a teve.

Lembrava-me do episódio ao mirar ali, no Polytheama, o desafortunado olhar felino (nunca feniano, por favor) de Careca. Maria Lino lhe negava tudo o que me havia presenteado com tanto humanitarismo. O macróbio retomou o arame da conversa que interrompera havia três anos, nos soluços de um chope anti-Maria Lino. Mal soube o que se passou. Queria agora me dar conselhos, orientar meu trabalho para um outro caminho.

"Descobri uma coisa, Praxedes. Somos membros de uma imensa comitiva erótica, cada qual fecundando cada um, de idéias e paixões. Nossa arte depende desse espírito livre do amor."

Bem, o discurso ia se alongar como a primeira dinastia do Egito, enquanto Abigail representava e cantava, ensinada pela matrona Ismênia Mateus e o meu colega de coração, Samuel Rosalvos, que de ponto já atingia de perto o máximo do estrelato, pois dirigia a companhia ao mesmo tempo que vendia coplas no corredor e guardava as bengalas, com o perfeccionismo adquirido debaixo da concha. Logo, logo viraria bilheteiro, e aí sim conquistaria a fortuna após a glória. Careca forneceu material para um alfarrábio sobre idéias teatrais.

"Então eu queria que tu te desses conta da responsabilidade de estar no buraco. Ah, ah, ah, não pensa que seja uma pilhéria, não! O buraco é a base de tudo o que fazemos em cima, sabes disso melhor do que eu. Sem o buraco, o que seria da corrente amorosa dos artistas? Cala-te boca, bem calada!"

Falava como numa pilhéria entre coplas de cançoneta, embora suasse cansaço. Aonde queria chegar, eu nada sabia. Como não chegou a lugar nenhum. "Olha, Praxedes, o negócio é o seguinte. Nunca te metas a ser autor ou diretor porque o ponto vira o pior caráter quando toma o poder. Quer dominar todo mundo e eu te falo isso com conhecimento de causa e efeito. Tanto que sofro deste problema agorinha mesmo." Reclamava da tirania do Rosalvos, que o obrigava a atuar de novo como tio Gastão, papel que o tirava do riso e lhe rendia pesadelos. "Tenho outros planos e pretensões. Mas teu amigo aí só me quer na mesma máscara de velho decrépito cornudo. Eu não cheguei aonde cheguei para ter que agüentar tanta humilhação. Me ajuda a convencer esse trouxa do Rosalvos a me dar o papel de galã, pelo amor de Deus, pra ti que é amigo dele, vamos, Praxedes!" Ele queria me meter numa sinuca de bico e eu não ia aceitar. Mesmo porque o galã da peça, como notava pela movimentação no palco, era um amigo meu, o Martins Veiga. Fiquei, porém, com pena do velho e me dei ao trabalho de falar com o Rosalvos no intervalo. Machado Careca ficou todo lampeiro a esfregar as mãos de expectativa. Era um absurdo, uma infantilidade. Careca se acostumou com os bons tratos que lhe deu Maria Lino, montões de coristas do Recreio e empresários 1901. Quando todas o jogaram fora, caiu em desgosto freqüente. Não parecia preparado para a vida prática. Via em mim um trapézio, talvez enviado pelo "Fado Liró". O fato liró é que Rosalvos me recebeu muito bem e me pediu paciência com o Careca, apesar de grande ator ele já sofria de demência senil. Não podia aceitar as limitações que lhe acarretaram a idade. "Controla o velho, como só tu sabes fazer, dê-lhe a marcação correta na direção da coxia, faz ele sair de mansinho, vais ver que dá certo." Era uma fala em código típica dos pontos. Rosalvos sabiamente me instruía a dar no pé, sem falar com o Careca e assim evitar qualquer conseqüência deletéria. Beijei a Abigail Maia (que parecia desconfiada de alguma trama e a partir de então passou a me tratar com desapego) e saí pelos fundos do Polytheama. Minha vida foi um arame sem fim de desvios da coisa principal. Ao me aproximar de algum conflito, era retirado ou me subtraía dele. Daí eu considerar importante meu depoimento pessoal para a história do nosso palco cênico. Minhas anedotas se incompletam, as tramas não têm solução e inacabo no brejo das definições. Ainda assim, sinto ter sido fundamental para a alteração dos fatos teatrais. O nada que fiz tem afinal de contas um sentido maior. Não consumi uma noite de pensão para escrever a revista que definiria minha vida autoral, como o fizeram Bettencourt e Menezes com *Forrobodó*. *Vaudeville no Pindurassaia* passou para a história como trunfo criptográfico do Assombro. Nem aproveitei dos fugazes triunfos no palco para me intrometer na companhia. A satisfação pessoal ficou por conta do ideal supremo da ordem da representação e de casos amorosos esparsos, vividos ao correr da pena de pavão que me foi presenteada pelo ator Asdrubal Miranda como preito de estima. Assim escrevo ao desviar da pena, "montando" a minha história ao prazer da descontinuidade, porque ela foi ontologicamente assim. Ela me fez torto por linhas ainda mais tortas. Melhor assim do que o destino do ponto Manoel White. Ele escreveu, com sua caligrafia redonda e clara (seu "q" tinha formato singelo de um coração), duas revistas e se enterrou em dívidas para sempre por causa dos fracassos, nos quais teve participação nos lucros, no caso, nos prejuízos. Fez *A dor é a mesma*, com música do Mossurunga, levada à cena em 1921, com Alfredo e Cândida Leal, e *Não te esqueças de mim*, partitura do meu amigo e antecessor Pixinguinha, com Alfredo, Aracy e Manoela Mateus, em 6 de junho de 1924. As peças de White provocaram o naufrágio fatal da Companhia Nacional de Burletas & Revistas do São José. O resultado é que não galgou o posto de bengaleiro e, por conseguinte, não logrou acumular fortuna. Mas isto eu conto ao chegar à cena da sublime purgação. Certo é que, quando me dei conta, anos depois, Machado Careca havia morrido como nascera, aos berros, vermelho, dançando, os olhos fechados como se estivesse na curva descendente de uma montanha russa. Como contarei mais tarde, quem pontou seu padecer foi Rosalvos. Conduziu-o à bocarra do Cérbero com ordens enérgicas e efeitos de maquinaria da mágica em *A pera de Satanás*, do Eduardo Garrido. E a diabinha foi Maria Lino... É por isso que as mulheres continuam a pensar que guardam poderes sobrenaturais entre as pernas. Culpa da Pandemônia do Maxixe!

Pano lento.

11.
A GRANDE MERETRIZ

Música de opereta, por favor! Minha história não se compõe apenas de momentos célebres, como o das choradeiras do Machado Careca, que, por si só, renderiam um poema épico-etílico. Usufruí de insignificâncias que não mereceriam constar de uma autobiografia séria. Assim, como não se trata de uma, gostaria de retardar por mais um instantinho a Espanhola com outro capítulo estapafúrdio da nossa história teatral, se é que ele pode ser tachado assim. Preciso parar em algum lugar, sentar-me e digredir um pouco antes que tudo descambe.

Agora me sinto sentado na mesa daquele cabaré em que um dia Coisa (o indigitado Rêgo Barros, lembram-se?) encontrou-me, na esquina do Apolo, e me convidou para visitar. Tentava o ex-irmão uma ponte de reconciliação. "Por que brigar quando a vida é a fuzarca e os pontos estão fadados ao ostracismo?", disse-me ele com ares de Antônio Conselheiro. Subi aos céus ao terceiro dia, do ódio que a frase me provocou. Contive-me, para não dar o que falar. Aceitei por um breve período o estender de mão de Coisa.

Ele me carregou de imediato a um sobrado na rua da Carioca. Uma placa de zinco ostentava o nome "Le Sérail", o serralho. Estávamos, se não me engano, em 1917 e era verão antes do Carnaval que me deu tanto trabalho como cabo. Os homens que guardavam a entrada me olharam de cima a baixo, parlamentaram entre si e, por fim, permitiram a minha entrada. Acharam-me muito novo, pois eu aparentava menos que meus vinte e três anos. Não era de me desgarrar da turma do São José, mas o acólito da Bibi Maia me deixou meio na obrigação de ser amigo. Ao adentrarmos o recinto, vi tapetes e mesas à moda das zarzuelas, as candeias rosáceas e as majas de mantilha, despidas, que já não tinham mais de onde tirar os encantos. Naquela fase da noite, já tinham feito tudo, tentado todos os artifícios, e a audiência de pecuaristas ressonava em silêncio.

Para mim era novidade. Era tanto requebrado que me animei demais da conta. Prometi uma fortuna para que uma húngara de seus vinte anos e nome Theoda, beldade delgada com olhos verdes rasgados e cabelo castanho longo, seios pequenos e pernas colossais, com um cavanhaque à francesa no meio delas, dançasse a habanera cubana sobre a nossa mesa. Foi o fim. A ninfa se agitava como a virgem da macumba, contorcia-se, ao balanço do traseiro sinuoso de Belém. "Pontinho, ponta, pontão, de quem é o teu coração?", recitava com um sarcasmo espontâneo e o sotaque áspero. Tentou sentar-se para cavaquear, mas não deixei. "A hora pode chegar, sabia?" Não entendi o tom da conversa, nem parecia uma *danseuse*, ora bolas. "Que hora, mocinha?" "A hora da gente ter que ir embora deste mundo", pegou um cigarro, colocou-o na piteira e se pôs a fumar. "Eu queria te dizer só um negócio, querido. Eu queria que tu te desses conta de que não resta muito tempo. É preciso gozar já, senão vem a mulher da foice e..." Soltou uma baforada e arregalou os olhos com um sorriso divertido. Eu entendia bulufas. Achei aquela fala sobre *carpe diem* um negócio do arco da velha e, naquele instante, disse que lhe pagaria uma fortuna para dançar para mim em cima da mesa. Aceitou por oitocentos e oitenta réis, uma pequena fortuna. Comecei a lhe dar ordens para fazer esta ou aquela posição, equilibrar-se com um pé em cima de um copo de champanhe virado, fazer a seguidilha em elipse, falar um verso do Gonçalves Dias, que soprava para ela repetir. Sob minha batuta, desceu do pedestal erótico e, sentada no meu colo de costas para mim, esbanjou movimentos fesceninos que me fizeram ir desta para a melhor antes do prazo. Dançamos juntos um maxixe incendiário, que derrubou muitas mesas e atingiu a coxa das bailarinas. Depois subiu de novo na mesa e desancou um batuque e um *one-step*, nuazinha da silva. Acocorou-se diante de mim, para que eu a suprimisse do planeta. Descabelou-me a fim de eu me parecer com o Péladan ou seu tradutor, o jornalista Grou Amado, que ali também se encontrava, rodeado de moços da sociedade e gladiadores do Segreto, como convinha a um notório invertido. "Não imaginava tanto dote assim em ti", comentou o Grou, vindo me cumprimentar. Orgulhoso, senti-me um mundano à parte. Parei de mandar e tornei-me um ébrio da paixão. O cabaré inteiro descambou na gargalhada. O ponto do São José, senhor dos mínimos gestos das estrelas da burleta, havia capitulado à maior das meretrizes! Quando ela foi cobrar o dinheiro eu lá tinha alguma coisa? Nada! Coisa voltava do banheiro e estacou no meio do caminho. Espiou-me por detrás do biombo flamenco com preocupação, Theoda me estalou um tapa na cara e chamou o gerente da espelunca. Apesar dos pedidos do bom Grou, fomos catapultados do paraíso ao charco, sem tempo de apanhar os chapéus. Aquilo sim era a essência viva da arte dramática!

O Coisa dava sempre azar, é o que eu digo. Mas rimos o resto da madrugada da própria má-sorte. Não havia conflitos imagináveis. O ecumenismo se impunha por causa do nosso jeito bonachão. E todo mundo tinha bonomia naqueles tempos.

Estávamos sentados na sarjeta em frente da casa de tolerância, num cavaco sem parar, no instante em que Theoda apareceu como se nada tivesse acontecido e nos convidou para continuar a noitada na sua *garçonnière*, num quarto de pensão no cortiço que havia ali perto. Acendeu um cachimbo de ópio e brincou de sombras com as próprias curvas. Deu corda no gramofone para tocar a cançoneta "Pomada" pelo Dudu das Neves. Divisava os pêlos eriçados dela nas sombras projetadas na parede descascada de tinta vermelha. Coisa saiu às pressas, casado que era com os direitos e obrigações. Passei o resto da noite na pândega. "Aproveita, Saturnino, porque o tempo escoa rápido, viu?", me aconselhou Theoda entre seus braços maternais. Sem entender a mensagem, dormi com ela na mais pura denotação virginal. Não toquei nela uma única vez. Ela me jurou ser donzela, e neste fato residia, segundo me garantiu, a fama que usufruía no Rio de a maior prostituta do mundo ocidental. Sabia dar amor sem trocar um único contato físico. E de fato era delicioso o transporte mesmerizante a que me submetia. Conto isso porque muito de sua técnica eu terminei por incorporar ao meu próprio cabedal de conhecimentos. Ela enriqueceu enormemente a linguagem do ponto, sobretudo no que concerne às estratégias de fazer amigos e influenciar atores rebelados. A grande meretriz surrupiava o mundo com amor imaterial. Foi minha sorte. Conforme soube depois, Theoda foi apontada pelos agentes sanitários como a principal agente transmissora da Espanhola na cidade. Ela havia contraído o verme nas noitadas de véspera de batalhas na fronteira com a Herzegovina, provavelmente por haver beijado o anel de um monge cirtenciense alemão acusado de conspiração contra os Habsburgo. Hoje, na tranqüilidade de uma tarde de outono sob a jaqueira, tenho a certeza de que o nome Espanhola, para designar a gripe, não foi dado por causa dos imigrantes espanhóis, que teriam trazido a maleita, e sim devido exclusivamente à decoração à cigana do Sérail. A Espanhola deveria ter-se chamado a Húngara. É uma tese nova, que espero que a posteridade um dia comprove por meio de documentação mais exaustiva.

    Acordei do transe com a alta manhã e a faxineira do *boudoir*. Theoda já tinha ido embora. "Sai, azar!", me enxotou a mulher. Mas eu a reconheci do largo do Machado, onde costumava vender bolinho de tapioca. Apertei as bochechas daquela ex-escrava dos tempos do imperador. Rimos juntos e ela me serviu uma média de café com leite. E pensam que fui para casa? Nada disso, havia ensaio cedo no São José, acham que era fácil? Descabelado e com olheiras amanhecidas, ao chegar as *cocottes* do coro zombaram de mim. "Praxedes...

Praxedes... Praxedes... Praxedes...", estrilavam com sarcasmo. Não tinham um vocabulário muito grande, e ainda assim conseguiam contar com uma palavra qualquer romance, inclusive o que mal havia se passado comigo. Ou sabiam da história pela boca da Theoda (que dançava por prazer às vezes no corpo de córos do Polytheama e emprestava a *garçonnière* a algumas coristas) ou o enredo era sempre igual. Risco a segunda possibilidade. Nem os pontos lograram escapar da tarântula dos fatos.

12.
O CARADURA

Ai, seu ponto, quebradinho quebradinho, ai, seu ponto, mais um bocadinho! Praxedes, vamos empurrar com a barriga mais um bocado o terror que o transfigurou. Há histórias suficientes para retardar o processo *ad nauseam*. Se possível, este relato seria o de um retrocesso do requebrado de Theoda no Le Sérail, a origem real da maleita, ao instante em que Pedro Augusto me trouxe para trabalhar. Vou tentar fazê-lo até que o leitor se canse e me obrigue a pular com ele para a caldeira da enfermidade. Todos já sabem (ou pensam que sabem) o final desta história, igual ao de todas as outras. Daí eu não me sentir constrangido em pedir que a gente se divirta por aqui mesmo, entre as minhas mais caras recordações.

A melhor delas se refere ao Caradura, nome artístico de Joaquim Xavier Girão. Era um capadócio mulato escuro, alto e parrudo, de olhos verdes, capoeira espetada em lugar de cabelos e seus quarenta anos, que fizera a vida cantando e representando nos picadeiros do Norte. Em 1914, ele bateu na porta do Eduardo Vieira para pedir uma ponta em alguma revista ou burleta. Vieira se impressionou com a voz de tenor do sujeito e o resolveu empregar. Logo Caradura se afeiçoou a mim. Eu, rapagão de dezenove anos, pleno de vitalidade e preguiça. A caixa do São José compreendia uma festa constante. Ríamos e conversávamos sem parar, mesmo durante o ensaio. Caradura vinha se abrigar no buraco. Puxava-me pela barra da calça para continuar uma conversa ainda que eu apontasse alguém naquele instante. "Sabe Saturnino, eu devo ter composto umas quinhentas canções, entre modinhas e lundus e marchas. Será que tu não conheces ninguém na Casa Édison para me apresentar e mostrar minha obra e, quem sabe, gravar alguma chapa?" O Caradura não perdia tempo. Fiquei de pensar no assunto, mas sabia que ia ser difícil. O Segreto era inimigo número um do Fred Figner, o americano de origem boêmia dono da Casa Édison. Os dois se combatiam desde a chegada deste, em 1897. Se Figner trazia um taumatoscópio, o Segreto contratava a Inana e, em seguida, apavorava o Rio com o cinematógrafo Lumière. Figner introduzia o fonógrafo e o som reproduzido, e lá vinha Segreto a mandar vir de Roma uma trupe de gladiadores que cantava em coro o "Va pensiero" dublando um gramofone. Figner inaugurava um sistema de filme sonoro (com chapas a tocar ao mesmo tempo que o movimento de lábios dos atores no *écran*), pois detinha os direitos da tecnologia de Edison, mas Segreto respondia na lata com um festival de fogos de artifício e filmava o elenco do São José (que no início se achou roubado, mas logo descobriu a mina que o cinematógrafo representava para suas mambembadas). O americano detinha o entretenimento do som; o italiano, o da imagem. *Talking machine* versus *cinematographo*. Éramos parte da guerra, buchas de canhão que reforçavam a importância da união da imagem e do som — o sonho máximo do Segreto, que não chegou a viver para ver materializado no cinema falado. Ele encarava o teatro como único local em que os dois elementos se conciliavam numa cerimônia sagrada. E para ele a mais completa perfeição disso não era a revista nem a tragédia grega, mas os gladiadores da luta romana, que gritavam insultos uns aos outros e ainda por cima, ao final, depois do "Va pensiero", dançavam uma tarantela em coro angelical. Mas a revista era a maneira que o empresário encontrava de atingir o público popular.

Não disse diretamente ao Caradura por que ele tinha que entrar no palco e fazer um número acrobático em que cantava seu mais novo lundu enquanto virava cambalhotas. Não tinha trato algum de palco. "Ô, Caradura!", eu gritava gesticulando para fora da concha. "Vai mais para frente senão ninguém te ouve, homem! Canta mais alto, fala assim, bem claro e com jeito carioca: 'Meus amigos, outro dia se passou um ouriço dos infernos comigo. Vou lhes contar...'. E vira cambalhota, tá bem?"

Ele ia, na obediência cega a este que vos narra os fatos reais. Repetia frase a frase, inclusive "Ô, Caradura" e "Tá bem?". No início, pensei que fosse gozação, mas depois notei que se tratava do mais puro desconhecimento de um palhaço que havia trabalhado apenas em picadeiros. Era na burleta *Espera que eu já saio*, uma mixórdia dos irmãos Quintiliano. A Pepa Delgado estrelava o negócio com aquele ar de princesa emplumada que fez sua glória. Caradura realizava um cena de cortina, tentando contar uma piada do Norte, que ninguém ali no ensaio era capaz de entender, além de dar uma pirueta, tudo com a viola na mão. Eu tinha mais paciência no início da carreira, e deixava passar muitas das gafes do meu amigo. Também não ia fazer diferença. Chegou uma hora, porém, que a Pepa abriu a cortina e foi dar um sopapo no pobre capadócio.

"Sabe que eu não agüento mais essa pataquada toda? Você aí, Praxedes, pensa que tenho paciência até quando? Este senhor aqui tentou me agarrar nas coxias, fique sabendo disso, agora mesmo eu exijo o fim do espetáculo porque me recuso a trabalhar ao lado de um fauno retinto como esse Caradura, ouviu bem?" O que tinha dado na Pepa ninguém supôs. O Caradura, meio intimidado, deu uma risadinha e tentou continuar a cantar o lundu "Cena de amor no sertão", de sua própria lavra. Mas Pepa lhe deu uma cotovelada na cara tão forte que o derrubou para trás, com cadeira e violão.

"Exijo explicações deste senhor agora mesmo, já falei, Praxedes."

Tive que intervir.

"Pelo amor de Deus, dona Pepa, deixa o homem trabalhar, depois vocês acertam as contas. Eu pediria à senhora o favor de voltar para as coxias, sob pena de ter de pedir ao contra-regra que desconte o seu ordenado na placa de serviço..."

A mulher virou uma ursa polar antártica. Nem esperou eu terminar e me sentou um chute no queixo que me deixou tonto. "Vou reclamar ao Paschoal", e saiu, furiosa. Na manhã seguinte, estavam os dois de namorico novamente. E o Segreto nem foi informado.

Na história, o único prejudicado foi meu queixo, mas eu sabia desde o início que não haveria conseqüência alguma naquele banzé. Era sempre assim. As histórias nunca tinham desfecho, era uma seqüência infinda de gagues e escorregões.

Eu prosseguia na tarefa impossível de azeitar o mundo teatral e no pacote estava incluído o Caradura. Desajeitado, tropeçava em qualquer móvel do palco e só se sentia mais ou menos à vontade ao se sentar com o violão. Chamei o Brandão, o *compère* do espetáculo, para tentar salvar o barco num esquetche cômico que sugeri que fizesse ao lado do capadócio. Pior a errata que o erro, nem é preciso dizer. O Brandão ofuscou Caradura com seus mil histrionismos e um rosário de piadas que tiravam o fôlego até do ponto, que franzia o cenho atrás das marcações, pondo a lâmpada mais perto da folha. Apavorava-me com o futuro pito do diretor.

"Faz favor, Brandão, deixa um pouco de espaço pro Caradura mostrar o que sabe se não é o diabo, sabes bem do que estou falando. Vamo lá."

"Tá bem, Praxedes, mas é só porque é você, por outro não faria, não!"

Os atores cultivavam a volúpia de carregar toda a cena e obnubilar cada ator, cada cômico que tentasse se sobressair. O hábito vinha de longa data. Já os "tiros" do Eduardo Garrido no final do século XIX eram movidos a atores de renome. O Brandão vinha dessa escola. Mas deixou o Caradura cantar outra das suas modinhas, "Pela virgem da couve", talhada no estilo do K.D.T., cantor que havia saído de moda havia cinco anos. Girava os olhos e fazia bico enquanto entoava com um tenorismo que lembrava o de um Caruso da caatinga. Eu estava já ficando uma onça lá embaixo. "Mas Caradura, faz jus ao teu nome e fica com o rosto parado, sim?" E ele retrucava: "Gosto do meu sobrenome, Girão, e giro os olhos como *clou* do meu número. Não faz assim não, Saturnino!". O pior foi quando ele teve que fazer uma gague em que ensinava sua querida Pepa a dançar uma quadrilha do sertão, no meio de uma daquelas notáveis competições de maxixe que aconteciam no miolo das revistas, com milhões de dançarinos em passos de puladinho e parafuso no palco. Pedi que o maestro José Nunes (sempre com ares austeros de Toscanini na zona) desse a entrada para os dois. Não houve jeito. A atrapalhação foi tanta que o casal terminou por despencar sobre os músicos da orquestra, depois de cambalear de lá para cá, me acertando na cara diversas pezadas e criando confusão entre os casais de bailarinos, aliás trazidos diretamente da zona do Mangue para efeito de economia. Como a Pepa era bem pesada, destruiu os dois contrabaixos e os tímpanos, e levou tudo de arrastão, inclusive três casais que estavam perto dela.

"Paspalho!", gritou.

Eu pensava que era para seu par, mas não. Estava agitando os punhos contra mim.

"Senhor maestro, o responsável é o ponto!", berrou, para a gargalhada geral, inclusive a minha, já acostumado com a pecha de responsável por tudo. Só o Caradura não parecia entender o que se passava. Levantou-se, limpou o pó do jaquetão e quis subir ao palco, falando para mim bem alto: "Mas essa Pepa é do maçadas, hein, Praxedes?".

Foi tanta risada que o ensaio teve de ser interrompido. O mais engraçado aconteceu durante as sessões. O Caradura arrancou aplausos comovidos da platéia e só não se consagrou por causa do tal número, em que fatalmente era arrastado para o fosso da orquestra, acompanhado por dois ou três casais mais a Pepa. E em todas as sessões a estrela arremessava mais casais e repetia a pilhéria para as torrinhas ouvirem: "O culpado é o cretino do ponto!". E o riso se apresentava gigantesco. Antes de Ottilia e de o São José encontrar o seu caminho, por volta de 1917, o gênero alegre era mais grotesco. Alimentávamos a audiência com a pior das rações do baixo humor. Eu mesmo durante esta revista era obrigado a subir no palco para receber um balde de barro do Brandão, um caco que acabou por introduzir no decorrer da temporada e logo se tornou um clássico do gênero, até hoje analisado pelos filólogos do rebolado. A crítica culpava o ponto nos jornais do dia seguinte. Denunciava-lhe sobretudo a indisciplina em se arvorar em ator. Nem me importava, bonita que era a juventude, me ouriçava com o piche e Brandão me chutava de volta ao buraco, onde eu caía de pernas para cima, rindo de mim próprio. Pepa emendava coplas maliciosas de cançoneta composta naquela tarde pelo Caradura e a vida corria às maravilhas. Era um caos realizado em equipe, em que absolutamente todos, do simples contra-regra ao mais insigne bengaleiro, participavam e aproveitavam.

Caradura fazia furor com suas canções. Chegou o dia em que tive de cumprir a promessa que eu não havia feito e levá-lo para tentar um teste com o Figner. A Casa Édison ficava na rua do Ouvidor, 107, endereço inesquecível porque era anunciado no início de cada chapa por Bahiano, K.D.T. e Nozinho, também anunciadores da companhia. Os três faziam ponto na loja, vez ou outra apresentando em carne e osso suas modinhas e lundus. A porta da casa de negócios era uma saturnal de máquinas falantes: fonógrafos, gramofones, autofones, agulhas, flanelas e poções mágicas que deixavam a campânula das engenhocas brilhante como a lua. Mal imaginava eu que um dia sua sucedânea, a Odeon, fosse invadir o território sagrado da cúpula do Phenix.

Era um negócio de outra nebulosa e aqui vale meu testemunho sobre o assunto, que pode trazer algum esclarecimento para historiógrafos enganados e enganadores do grande público. Nem pensávamos que um dia o rádio iria exilar as máquinas falantes nos lares, ao lado dos pianos. Mesmo no São José, um dia o Segreto tinha se rendido a elas no início do século e mostrou, no meio de uma revista, no Varieté, um número maquinal com a cançoneta licenciosa "O taco", pelo Bahiano e corpo de córos da Casa Édison. A simples aparição da máquina falante no palco causou comoção e espanto. O fato é que Figner não dava o braço a torcer, mas revelava o gosto pelas coristas ao trazer a seu *casting* muitas delas e ainda por cima chamar o coro de corpo de córos, termo do *argot* teatral. Assim se deu com a senhorita Consuelo, uma artista secundária do Phenix Dramatica que atingiu a eternidade em 1905, quando, aos dezoito anos de idade, registrou em rolo da Casa Édison a cançoneta "Mamãe me enganou", cantada por uma moça que reclama da má educação amorosa que lhe foi dada pela mãe. Era para a Pepa Ruiz (a primeira) ter gravado na cera, mas ela pediu dinheiro e Figner achou um despautério. Ele pagava somente o almoço dos músicos e artistas, e olhe lá. Depois dava uma parcela nas vendas das chapas e rolos. Consuelo conheci aos oito anos de idade. Era freguesa do quiosque do meu pai, lá no campo de Santana. Um tipo deveras impressionante. Figura moderna, não precisava de espartilho para ostentar as formas curvilíneas e carnudas. Mas o usava, por puro tédio em relação à moda *art-nouveau*, que logo derrubaria o acessório. Tinha os cabelos louros, que trazia presos no alto por um chapéu com frutas tropicais, insetos gigantescos e laços de fita rosa e azul. Os olhos eram de um azul-igreja, a boca emoldurada por lábios carmins muitíssimo finos. A pele tinha amorenado pelo sol do Rio, mas exibia certa palidez herdada provavelmente de uma mãe tísica, atualizada que devia ser com a moda do século passado. Falava alto, com uma vozinha esganiçada que a todos encantava pelo pitoresco do vocabulário. Morava num sobrado na Cidade Nova, onde era manteúda do general Osiris Osório. Foi uma das primeiras mulheres da cidade a andar de automóvel. Ela apeava do fiacre sem tração animal diretamente para o quiosque de papai. Consumia doces e licores, fumava charuto e gostava de conversar com toda gente. Até comigo, fedelho traquinas que lhe puxava as fitas, as gazes e levava a mosca azul ornamental embora. Ela não se importava e me acariciava, dizendo para papai: "Esse menino é um filho da puta mesmo, hein, seu Joaquim? O que será que ele vai virar quando crescido?". Meu pai ria a valer, enquanto me enxotava para dentro do quiosque para que eu lavasse os copos. Numa daquelas manhãs, Consuelo chegou com olheiras fundas, que ressaltavam ainda mais o brilho dos seus olhos. "Passei a noite acordada", ouvi-a comentar. "Gritei debruçada em um cone de bronze uma cançoneta que às vezes apresento no Phenix. O pianista me acompanhou e foi tão estranho, seu Joaquim. A cera ia sendo riscada enquanto eu cantava. E não é que o Figner tentava me segurar pelas ancas no meio disso tudo?" O mais colossal, contou ela, foi que sua voz havia sido guardada doce e fresca como que numa compota. "Toda vez que o técnico girava o rolo de cera ela voltava igualzinha como tinha saído. A compota não ficava nunca vazia!" O fato é que Consuelo esperou o rolo ser comercializado para ir à Casa Édison dar uma guarda-chuvada na cara do Figner. Não apenas por causa do descaramento de conquistador capitalista, como sobretudo devido ao fato de ela ter ouvido sua voz em diversos logradouros da cidade, colocados por Figner com o fito de vender o disco. "O senhor pensa o quê?", ela disse ter dito. "Que eu sou algum papagaio de realejo? Me devolva a minha voz agora mesmo!" O Figner ficou espantado, tentou explicar o valor comercial do negócio, mas Consuelo fincou o salto altíssimo de seu sapato. Infelizmente, argumentou o empresário em português capenga, a voz já estava gravada na cera e ele nada podia fazer, era melhor a senhorita se retirar. Conduziu-a suavemente em direção à saída de seu escritório, embora ela ensaiasse alguma resistência. Assim terminou a carreira promissora de senhorita Consuelo.

Poucos dias depois o general Osiris tentou obter o rolo de Figner, mas o americano não lhe deu confiança. Antes que ele tivesse outra atitude mais agressiva, ele próprio ameaçou o general de denunciá-lo publicamente por adultério. Figner ficou com raiva e recolheu toda os exemplares de rolos que havia posto em circulação. Em dois dias, conseguiu transformar Consuelo em peça de museu. E ela era ainda uma mocinha. Não contente, foi ainda falar com o empresário do Phenix para desalojá-la do emprego. Por medo da denúncia, Osiris a abandonou, ainda que lhe tenha deixado algum dinheiro para o aluguel. Consuelo tentou emprego no corpo de córos do Carlos Gomes, mas logo foi dispensada, sem motivo aparente. Consuelo passou a viver como funcionária de uma fábrica de tecidos, onde, aliás, foi colega da então estreante Ottilia Amorim, órfã abrigada num colégio de freiras. Consuelo se encarregou de ensinar a menina a cantar e lhe passou parte de sua boa técnica e repertório, que era um ramalhete do século passado. Prestava ainda serviços de pedicure e se fazia anunciar com uma placa que colocou no sobradinho: "Senhorita Consuelo, calista". De tanto doce que devorou no quiosque do seu Joaquim, foi perdendo os dentes. Adotou o hábito de passar na Ouvidor duas vezes por semana, pontualmente às 14h das terças e quintas-feiras, para cuspir nos gramofones da Casa Édison e, se fosse possível, quebrar um. Enlouqueceu. Este foi o grande mistério de senhorita Consuelo. Resolveu morrer aos trinta e quatro anos, de tísica, como a mãe, escondendo-se no interior da província. Não chegou a presenciar a influenza.

Narrei todo o drama porque era 14h de uma quinta-feira ao chegarmos à Casa Édison com um encontro que consegui por meio do meu companheiro baeta João Gonzaga, rebento mais dileto da maestrina Chiquinha Gonzaga, ombreando em excelência moral com o abre-alas, o corta-jaca e a canção "Lua branca", também geradas pela compositora. Consuelo já tentava arrancar o braço de um gramofone, insultando os funcionários e usando como escarradeira a cúpula da mais bela *talking machine*. Aos trinta anos, ainda não havia perdido sua beleza inicial. Ninguém se importava muito com dentes. O Caradura, que não a conhecia, ficou ouriçado e começou a cantar para ela. Ia chamá-la para um dueto cômico. Os dois tagarelavam muito e ele contou-lhe do encontro. "Não, não, Caradura, não faz isso, não!", disse Consuelo, agarrando no braço do capadócio. "Eles vão te roubar a alma, como fizeram comigo!" Empurrei o Caradura para dentro porque tínhamos de nos apressar para o encontro com o Figner e não queria que ele ouvisse as bobagens da boa artista. O capitalista nos recebeu com simpatia. Era ainda mais alto que eu, magro e calvo, com um nariz pontudo e o sotaque estrangeiro. Ouviu a história de Caradura, gostou das músicas. Seus olhos chisparam com a possibilidade de ter suas chapas divulgadas na trincheira inimiga, o São José. Não hesitou em mandar o artista para um teste no estúdio. O que, a rigor, significava gravar uma chapa e correr o risco de ser editado sem consulta. Era desejo do bom Caradura. Para glosar a senhorita Consuelo, ele tinha um imenso pendor a papagaio de realejo.

Fomos ao estúdio. No corredor, cumprimentamos o K.D.T., um caboclo baixo e rabugento, que iria anunciar a música. Figner nos apresentou ao simpático cantor Bahiano e à bela atriz mulata Nina Teixeira (primeira *chanteuse* da maravilhosa dupla Os Geraldos, que lançaram o "Fado Liró" ao universo), que iam gravar uma cena cômica logo depois. O famoso duo encorajou Caradura: "Vai, canta que resolve! Daqui a pouco tu estarás na vitrina da loja, animando os passantes!", disse o Bahiano.

Eu nunca havia entrado naquele templo da ciência, um dos poucos da América e certamente o melhor. As paredes eram forradas por esteira, ou palhinha, não notei muito bem, para abafar o som e evitar o eco. Aparelhos, apetrechos mecânicos estranhos e cabos grossos se espalhavam por toda parte. Um piano perto do maquinário, além de instrumentos jogados ao léu, como cornetas, violinos, bombardinos e uma tuba dourada quase do tamanho da salinha. O técnico manejava as engenhocas com a industriosidade de um linotipista e até um boné parecido. De certo jeito, era um ponto em nova roupagem, assim como o ponto era o linotipista do teatro. Aquele se chamava Luiz. Arrumava tudo para que o artista se restringisse a botar a voz para dentro daquilo que a Consuelo chamava de compota.

Qualquer um podia jogar a voz pelo autofone, o cone de bronze, que fazia vibrar uma borracha na ponta estreita, onde uma agulha cravava os movimentos na cera. Depois a agulha do gramofone percorria as fendas deixadas pelo som e o que havia sido executado voltava a vibrar com vida e emoção; era um princípio da escultura a serviço do som! Os olhos verdes arregalados do Caradura não cabiam no rosto. Ele também nunca tinha visto aquilo e era o momento de sua vida. Sentei-me em uma cadeira de palhinha para observar sem atrapalhar. O pianista, um senhor entediado de bigodes encerados de nome Félix, apareceu e pediu que o músico cantasse alguma coisa. Ele sugeriu justamente a favorita "Pela virgem da couve". "Esta é uma homenagem ao senhor, de um admirador seu", disse para K.D.T. O anunciador agradeceu, curvando-se severamente. Parecia apressado. Aproximou do cone e gritou: "'Pela virgem da couve'! Cantada pelo Caradura para a Casa Édison, rua do Ouvidor, 107, Rriio de Janeeiro!". Puxou rapidamente o Caradura para encaixar sua cabeça na boca do cone. O capadócio atacou a melodia da modinha, que era tão bonita quanto a letra, uma excrescência do cosmo: "Ó doce Mãe que a couve protege/ Ó Santa Virgem sem rodeios/ O meu canto tem meneios/ Deste capadócio herege". E assim caminhavam os versos abstrusos do meu amigo. "Tá baixo, precisa cantar mais forte para a agulha funcionar", pediu o Félix, com certa rispidez. K.D.T. parecia contrariado com a música, talvez por ter notado que se parecia demais com uma moda antiga sua. Suspirou e repetiu o anúncio de má vontade, sem deixar de suprimir o endereço. O Caradura aprontou então um agudo tão ruidoso que a máquina se desengonçou inteirinha. O técnico se desesperou. Intervim para acalmá-lo e instruí meu amigo para conter a animação e impostar a voz como ele fazia no teatro, só que com menos força.

Aos poucos, o estro melódico do Caradura conquistou a todos, até mesmo K.D.T., que encontrou virtudes em músicas que não tinham a ver diretamente com sua obra, peças mais jocosas e cheias da verve nortista. Lágrimas corriam dos olhos do Caradura, comovido pelos aplausos e o incentivo. Luiz pediu licença para o Figner lhe deixar gravar a obra inteira do cantor. Argumentou que se tratava de uma cornucópia de lucros. Foi um dia para não esquecer. E uma noite, uma madrugada e outro dia. Febris pelo que ouviam, maestro e técnico iam pedindo ao Caradura: "Canta outra! Canta um tango-chula agora! Canta agora o lundu, aquele do tempo de d. João V que você falou". Às vezes aparecia um músico e o maestro o colocava na gravação. Sentado na cadeira, com a viola na mão, o bom Caradura contou causos, organizou o instrumental. Interpretou exaltado as suas composições: "O domínio da mulher", modinha, "O barulho do automóvel", fado, "Zeca Brazurura", cançoneta, "Esperança", modinha, "O telefone", lundu, "Pata de onça", toada sertaneja, "Aquarela", tango-chula, entre outras. Eu não via o tempo passar, o pessoal do São José devia estar uma arara e telefonei para o Segreto e justifiquei minha ausência naquela noite com uma indisposição nas cordas vocais. Se ele ficasse sabendo...

A noite e a manhã vieram, mas ninguém dava bola. Caradura mesmerizou a todos. Nina, Bahiano, João e o Figner vieram assistir ao espetáculo, outras pessoas se juntaram. Até a senhorita Consuelo deu um jeito de aparecer, na quietude da madrugada. Ao ouvir o lirismo do palhaço, pôs-se a chorar, até que se viu obrigada a sair. O engraçado é que ninguém podia aplaudir na hora porque a máquina ainda gravava. Só quando o técnico parava o motor o pessoal batia palmas e saudava o Caradura. "Não me importo em fazer minhas máquinas funcionar por tanto tempo com um talento desses à nossa disposição!", elogiou o Figner, que se retirou só às três da manhã. Não esqueceu de dar ordens para continuar com as gravações até onde o capadócio agüentasse. No fim da manhã do segundo dia, eu prosseguia, hipnotizado.

Caradura possuía um dom descomunal. Sua sensibilidade era capaz de instalar um micróbio no coração mais duro, o do Figner. A articulação cristalina das palavras, a melodia precisa com tons meio orientais, a técnica original do violão, o humor e a sabedoria dos versos, tudo caracterizava um gênio popular. Conseguia também fazer duas e até três vozes ao mesmo tempo. Para a proeza, aplicava uma técnica que havia aprendido dos ventríloquos dos circos onde trabalhara. Félix parecia uma pianola automática e o técnico operava em sonambulismo. Ao lado dele, na prateleira, já havia umas duzentas chapas gravadas por Caradura. O músico é que se rendia ao cansaço. Parou subitamente de cantar no meio de um lundu e pediu desculpas: "Pessoal, acho que deste mato aqui não sai mais coelho. Vou parar". Respeitamos o desejo do artista, mas tínhamos vontade de ouvir ao infinito e pedimos somente que ele recomeçasse e encerrasse a música. Sua voz foi morrendo como dízima periódica e estacou. Luiz entendeu e fechou todos os aparelhos, apagou as luzes e fomos tomar um café na confeitaria Cavé. Eu, Luiz e Félix comentamos o futuro grandioso do artista. Mas Caradura não conseguia falar mais nada. Por gestos, disse que estava totalmente afônico. Fomos para casa alegres e eu projetei um amanhã de empresário do cantor, em que receberia comissões milionárias e criaria revistas para o grande artista.

Tinha ensaio à tarde, mas o Caradura não apareceu nem justificou a falta. Não o descontei, porém, na placa de serviço, conquanto esta fosse minha obrigação. Menti que ele havia me dito que tinha passado mal um dia antes. Precisei improvisar com o Brandão e a Pepa uma série de números e enxertar gagues de outras revistas para tapar o buraco. O fato é que se passou uma semana sem que o Caradura desse as caras. Leal, o mais feliz dentre nós, foi encarregado de localizar o sujeito. Para o bilheteiro não se tratava de uma missão difícil. Bastava-lhe cochichar ao moleque que em três minutos já sabia tudo o que se passava no Rio de Janeiro. Descobriu que o Caradura tinha sido internado na Santa Casa, na ala dos indigentes. Corri para lá e encontrei meu amigo estirado a um catre numa enfermaria lotada de doentes terminais. Ele não conseguia falar nada, apenas apontava o indicador da mão esquerda para a garganta. Como era analfabeto, não podia se comunicar de outro jeito. O doutor disse tratar-se de uma afonia de origem psicológica e que passaria em breve. Tirei o bom homem daquele pardieiro e o acomodei em uma cama de armar no buraco do São José. Não sabia o que fazer por ele. Com o tempo, não dava mostras de sarar. Estava impossibilitado de atuar nas cenas de cortina. O que todos pensávamos se tratar de um mal passageiro se perpetuava assustadoramente.

Passados três meses, o Caradura gesticulava que não tinha mais jeito e perdera as esperanças. Agitava-se, nervoso, fazendo menção de ir estrangular o técnico da Casa Édison. Não entendi a princípio o que ele dizia. Seus gestos ficavam mais exagerados. Apontou para a boca e fez com os dedos um movimento para trás que significa roubar. Repetiu o movimento, repetiu até que eu entendesse a mensagem. Pasmo, decifrei que Caradura estava convencido de que o pessoal da Casa Édison havia roubado toda sua voz, para sempre, e guardado nas chapas. Com os lábios, ele disse a palavra "ladrões! ladrões!". Então a mudez do Caradura não era de origem biológica? Será que os aparelhos de Figner haviam sugado toda sua voz e, pior, toda a arte do capadócio? Não podia acreditar que a ciência houvesse chegado a tamanha sofisticação.

Tentei sossegar meu amigo, agora desesperado porque percebia uma trama lúgubre contra a obra e a voz. O aspecto mais grave de toda a história residia na impossibilidade de uma prova. O que um simples ponto como eu podia fazer? O médico dera alta ao doente e Figner estava disposto a lançá-lo, desde que, obviamente, o Caradura desse a contrapartida de cantar as músicas nas peças. Fomos falar com o capitalista. Ele tranqüilizou o capadócio. "Não há problema algum, seu Caraduro [sic]. Esperremos seu pronta recuperração para vender os chapas."

O tempo acomodou tudo, como sempre. Caradura foi-se conformando à mudez, começou a estudar a cartilha do ABC e ganhou do Vieira o cargo que todos nós almejávamos: o de bengaleiro do teatro, fonte de lucros incomensuráveis, só inferior ao posto de bilheteiro, mas deste bife o amigo Leal não tirava os caninos. Caradura se tornou um homem rico no ofício de tomar e entregar bengalas. Foi talvez o mais perfeito bengaleiro da história do teatro. O cavalheiro entregava-lhe o chapéu e, quando Caradura o devolvia, estava mais bonito e lustroso do que quando chegara. Cabia melhor na cabeça do dono, recebia um glamour inimaginável. Ao retornarem às mãos dos *sportsmen*, as bengalas só faltavam cantar. Praticamente voavam, levando celeremente o visitante para o recôndito dos seus lares ou para o recesso do café-concerto favorito. Os chapéus das damas igualmente voltavam insuflados por um novo espírito e materiais impensáveis. Algumas juravam que seu chapéu entrava palha e saía diamante. E as mulheres saíam a cantar do teatro, não sem deixar uma gorjeta fenomenal para o Caradura. Até hoje não imagino qual era o método empregado pelo antigo palhaço.

Com a ajuda do novo ofício, o Caradura constituiu casa, casou-se com uma corista honesta (algo que até então me parecia uma contradição dos termos), engendrou prole e vivia com estabilidade. Vez ou outra eu o chamava para fazer uma estripulia com os bailarinos. Um antigo acidente se tornou uma cena paradigmática para todos nós. O público delirava quando o mudo Caradura despencava da boca de cena, levando um rancho carnavalesco inteiro consigo. Mantinha, no entanto, um travo amargo, a certeza de que Figner havia arrancado, guardado e escondido sua voz naquelas duzentas chapas. "Sem minhas modas sou nada", escreveu um dia num bilhete para mim, quando finalmente decorou a cartilha do ABC. Foram suas primeiras palavras escritas. "Melhor que fique mudo." Escreveu depois que a tragédia maior era o esquecimento. Por não saber escrever música nem ter tido tempo de fixar os versos, estava condenado a se esquecer das suas quinhentas músicas. Como não as havia registrado, o dono da Casa Édison poderia se tornar proprietário delas tão logo escapassem do controle da sua memória.

Figner costumava ser muito organizado e conservava as chapas e cilindros com cuidados de pai extremoso. Caradura e eu festejávamos as vésperas de Natal de 1914 com um chucrute com chope no Stadt München, quando vimos adentrar o recinto o Luiz, técnico que experimentou conosco o êxtase daqueles dois dias de gravação sem pausa. Convidamos o sujeito para nossa mesa. A princípio não quis aceitar, mas a insistência é a mãe da persuasão. Logicamente, a conversa girou em torno daquelas "sessões memoráveis", acontecidas havia oito meses. "Até hoje o seu Figner fala da ocasião. Ele ficou muito feliz. Só está esperando agora que o Caradura se recupere para publicar as chapas." Caradura rabiscou rapidamente no guardanapo uma pergunta: "Como funciona a máquina falante?". Luiz hesitou. "O que tu queres saber?" "Se é possível a máquina arrancar a voz da pessoa e conservá-la na chapa", escreveu o ex-capadócio. Luiz sorriu da ingenuidade do artista. "Hoje tudo é possível, ó Caradura. Tua voz e tuas músicas, só por exemplo, estão guardadas para sempre no armário do escritório do Figner. Pode ficar sossegado que isso tu não vais perder, não, nunca mais. A posteridade há de conhecer tua arte!" Luiz não tinha entendido o caráter bem concreto da pergunta. Eu expliquei que Caradura desconfiava que o autofone extirpava a arte dos cantores e nunca mais a devolvia. Luiz soltou uma gargalhada que foi ouvida em todo o enorme restaurante. "Meu Deus do céu, eu já não digo mais nada!", emendou. "Nunca ouvi falar disso, não, Caradura. Que eu saiba, o Bahiano, o K.D.T., a Nina, a Julinha, mesmo a colega de vocês, a Pepa Delgado, todo mundo continua com a voz e o repertório. Ninguém perdeu nada por gravar. Muito antes pelo contrário; ganhou fama e se deitou na grama!" Citei o caso da senhorita Consuelo, mas Luiz garantiu que se tratava de uma paixão platônica e, logo, demoníaca do Figner. Repetiu a lengalenga técnica, mas a explicação não convenceu o bengaleiro. "Não estou brincando. Vocês me roubaram!", escreveu num guardanapo, para logo depois o esfregar na futura máscara mortuária do técnico. Luiz manteve as aparências e conseguiu se retirar, desejando feliz Natal, antes que o Caradura o pudesse atingir com a bengala com punhal embutido, que agora costumava carregar consigo como um amuleto. Pobre Luiz. Estrebuchou misteriosamente antes de terminar o ano.

Corria o tempo das lâminas ocultas nos bolsos, bengalas e chapéus. As pernas das damas ficavam escondidas sob os vestidos, os desejos tampouco se revelavam de imediato e o pessoal do suicídio se envenenava com formicida. Ninguém percebeu, nem eu mesmo, que Caradura planejava se aproximar de Figner para lhe rasgar a cara com o punhal. Dirigiu-se no dia 2 de janeiro de 1915 à Casa Édison, imbuído do desejo assassino. No caminho, depois me contou, lembrou-se de sua boa situação econômica. Chegou até a entrar na loja, mas desistiu. "Resolvi pôr uma pá de cal em mim mesmo", escreveu-me. E seguiu a notável carreira de prestidigitador das bengalas e chapéus. Lentamente as modinhas, lundus, marchas, tangos-chulas e toadas foram se despedindo da memória do Caradura. Poucos meses depois, saiu a bolacha com a cançoneta "O Zeca Brazurura", na voz do próprio Caradura. Ouvi-a e me lembrei da memoranda noitada em que meu amigo a havia gravado. A voz era dele, posso jurar de mãos juntas! No entanto, o selo da chapa trazia o nome de Tomaz de Souza. Figner usou um nome falso para ir lançando, uma a uma, as músicas gravadas pelo meu amigo, sempre com esse pseudônimo. Lanço aqui um desafio aos historiadores. Gostaria de que algum me demonstrasse a existência carnal deste Tomas de Souza. Pois tal artista nunca deu as caras na noite da praça Tiradentes. A Casa Édison lançava seus discos e ninguém o via. Foi uma vingança tétrica do Figner. No início, o bondoso Caradura arrancava o punhal da bengala e era impedido por mim. Limitava-se a quebrar qualquer chapa da Casa Édison que encontrasse pela frente. Aos poucos, já não reconhecia nem mesmo sua voz registrada, extraída e conservada por Figner. Em 1917, quando a sua composição "O telefone" veio a público sob o título "Pelo telefone", pelo Bahiano, com autoria atribuída ao Donga, e virou a coqueluche do Carnaval daquele ano, Caradura já não se lembrava que a havia composto. Disse-me ter gostado muito do "samba", que era como o tango-chula de Caradura estava sendo apresentado. "Pata da onça" virou em 1926 "De cartola e bengalinha" na voz do Fernando. Em 1938 foi até bom que o Caradura não estar vivo para presenciar o êxito de seu tango-chula "Angu da peste", adaptada e transformada no "samba-exaltação" "Aquarela do Brasil" pelo compositor mineiro Ary Barroso, estreado no Recreio pela vedeta Aracy Cortes, aliás íntima de Figner. E não me surpreendo de ouvir hoje em dia baiões que tenho certeza serem toadas do meu amigo. A obra de Caradura é uma fonte inesgotável de inspiração para os ladrões de samba. Felizmente, ele se esqueceu de tudo, sofreu pouco e morreu vitimado pela influenza em outubro de 1918, aos quarenta e quatro anos, no ápice de sua conta bancária. Levou a mudez e a dúvida juntinhas para a tumba.

Com estas lembranças, espero fazer uma revelação inédita. Hoje acredito piamente que a Casa Édison possuía uma máquina de furtar a arte dos músicos, cujo segredo logrou ser mantido a noventa chaves. Basta lembrar que quase todos os artistas da era mecânica desapareceram misteriosamente, sem deixar rastro, espalhados pela caatinga da não-história, como animais. Caíram aqui e ali sem sistema ou sem deixar informe de datas. Suas vozes e execuções nunca mais foram libertadas da masmorra da Casa Édison. Algumas chapas conseguiram fugir, mas caíram nas mãos de rábulas colecionadores, piores carcereiros do que os seguidores de Figner, pois escravizaram as chapas à própria vontade. Como estas se quebravam facilmente, não resistiam ao jugo, e até hoje permanecem acorrentadas sem saber que inventaram a matéria plástica e os discos de vinil. As artes dessa gente estão condenadas à prisão perpétua, sem apelação possível. Um preço alto em troca da eternidade. Os verdadeiros donos das vozes e instrumentos perderam a memória e o corpo, e não podem mais reclamar. Caradura foi a maior vítima sacrificial da máquina falante. Ela se encarregou de esquartejar e espalhar sua produção poética aos seis ventos e hoje ouvimos quase todos os clássicos da música popular, que eram assinatura oral do Caradura, constarem como de autoria de nomes famosos, cujas mãos estão sujas. Talvez Caradura tenha sido o melhor compositor que o nosso torrão natal já viu nascer. Seguramente, foi o bengaleiro mais genial deste país.

13.
MEZZO FORTE. MUTAÇÃO

Ninguém é ninguém, exceto o ponto. Nosso destino é trilhar a senda crescente do ofício: contra-regras, bengaleiros, autores, maestros e por fim bilheteiros, assumir o gênero alegre como generais de chumbo. E mais tarde derretermos ao sabor dos caprichos da autoria. Fui eu também o idealizador de tantas revistas, e *Ouro sobre azul* não me deixa mentir. A exemplo de Margarinos, Rêgo Barros, Rosalvos e Manoel White, entrei para o *métier* da revistografia, mas foi bem no fim do São José. Antes o triunfo se deu porque, guindado à cena, fiz mais rir do que os dois Brandões e Alfredo somados e multiplicados.

O que era o riso no início da contagem do século? Na base da coisa de sempre. Javali na pocilga, a audiência refocilava na própria desgraça, sem reparar na do vizinho. Eu queria que ela se danasse, principalmente nos instantes pré-silêncio da Espanhola. O público era uma besta sequiosa de prazeres súbitos. Eu não me portava diferente.

Um ponto fixo num palco não tem nada senão a própria marcha da cena para movimentá-lo de um drama a outro, e a vida dos bastidores. Naquele primeiro momento eu não precisava defender causa alguma. Era jovem e queria amores e jogo de cena. Tudo vinha a mim de mão beijada.

Na minha missão de desmentir certezas, devo explicar melhor um episódio narrado nas memórias *O teatro da minha vida*, do meu jovem companheiro Luiz Iglezias, revistógrafo e ponto bissexto, obra publicada há uns doze anos. Menciona ele o sucesso do ponto Mario Ulles como cômico no Recife em 1927. Ulles substituiu um ator doente e fez enorme alarde durante a temporada da Companhia de Ottilia Amorim. Iglezias era um dos diretores da empresa e teve de substituir Ulles na última hora no buraco, e simplesmente não conseguiu pontá-lo, pois Ulles agachava-se e levantava no proscênio, enchia o mundo de cacos impensáveis e tascava beijos nas atrizes e até no público, em desrespeito integral ao texto e aos coronéis locais. Na noite seguinte, lá estava o Ulles, mandando e desmandando, com rigor total. Na hora de ser controlado e apontado, Ulles se negou e povoou o palco de bexigadas. Ao voltar ao seu posto reassumiu o generalato. Pontos são assim, é. Não podem ver uma boca de cena sem que sejam atacados pelo desejo de eletrocutar o público. Apesar de valorizar nosso serviço, Iglezias não parece saber é que Ulles obrou assim antes pelo menos em duas ocasiões. Era seu costume tomar de assalto a cena e contradizer o que pregava no buraco. Em 1917, por exemplo, durante a representação da revista *Três pancadas*, ele aprontou um desses ataques. Chutou o elenco para fora e tomou conta da representação, saltando sei lá de onde, levava consigo sempre uma escadinha para tal fim. Por ser muito magro, passava como um camelo pela agulha da Conchita. Eu apontava o espetáculo. Era mais uma vez Carnaval e a gente alegre do teatro não se continha. O Vieira expulsou Ulles, e assim salvou a noite. Ulles saiu rindo de todos nós. Aquilo me inspirou para intervenções em 1920, conforme já contei. De certa forma, sou discípulo das traquinagens de Ulles. São lições que damos à posteridade remota. Tais aparições nos dão o status ectoplasmático de epifania súbita e cínica. Ulles sapateava o samba, fazia o diabo para retornar ao estado inicial. Não temos uma essência, apenas um espaço, um oco e um estado físico de repouso. A inércia nos comove e é por isso que não podemos parar quando estamos em cena aberta forçada. Queremos aquilo como a derradeira despedida do mundo. Definimo-nos pela ausência de memória de quem atua. Somos uma contingência das falhas alheias e por isso fomos rechaçados pela canalha do chamado teatro sério. Quiseram converter erros crassos em virtudes estéticas. Não consideraram que a prática do gênero alegre requer dos pontos o esforço contínuo da lucidez. Não temos o direito de enlouquecer nem de vacilar diante de problemas pessoais.

Talvez o motivo principal de toda desconsideração resida no fato de não termos sido convenientemente tematizados pela literatura teatral. Arthur Azevedo foi um dos poucos a nos retratar, ainda assim de maneira naturalista em excesso. Aparecemos nas peças dele como pontos verídicos, ele nunca designou um ator para nos representar. Era o ponto que subia ao palco, numa utilização indevida da sua imagem de homem público. Em O *mandarim*, de 1883, o Arthur inaugura a figura do ponto no palco. Ele surge na cena X do sexto quadro da revista. E já com a pecha de culpado o ponto, "saindo do seu buraco", diz: "Respeitável público, eu sou o povo. Por culpa minha, e só minha, que passei duas páginas da peça sem apontar, deixou de ser incluído o 'Excelsior' no quadro que acaba de ser representado. Entretanto, o 'Excelsior' foi, sem dúvida, o acontecimento teatral mais importante de quantos ocorreram durante o ano. O empresário veio pelo porão catucar-me na perna e dizer-me que subisse ao palco, e declarasse que o Excelsior seria exibido em um quadro separado. É o que faço". (Cumprimenta e vai saindo. Lembrando-se.) "Ah! Se na quadrilha das nações não se vêem mais de quatro... acreditam os senhores que não foi o desejo de fazer reclame a um hotel da rua da Assembléia... mas o espaço exíguo que se dispõe etc. etc." (Cumprimenta e sai. Mutação.)

Arthur nos pinta como um indivíduo subserviente, organizado, humilde, e repete o procedimento em O *tribofe*, reencenado como caco por Ottilia em capítulo anterior com o fito de me desmoralizar. Mas, convenhamos, trata-se de puro preconceito antiquado. O Samuel Rosalvos me contou que atuou várias vezes na companhia de Arthur. Fez um memorando diabo e o segundo freguês da peça O *mambembe*, levada no Apolo em 1904. Que pouca vergonha, ele trabalhou como capadócio e outros nove papéis na *Guanabarina* no ano seguinte, no mesmo teatro, explorado como um proletário qualquer. Pau para todo serviço, como os pontos em geral, almas da máquina de representar. O Fabregas deu uma esmola de consideração no monólogo que compôs e representava sobre o ofício do ponto. Uma intervenção breve no oceano dos insultos a que éramos submetidos dia e noite pela imprensa e o público, respectivamente. Na falta de um autor para glorificar o nosso papel no palco cênico, vejo-me impelido a escrever o que não foi dito.

Não tenho conseguido retratar com fidelidade a atmosfera de pesadelo e deleite que vivi do buraco. Apesar de ter o texto completo na mão, ou talvez por isso mesmo, deixava-me à deriva dos sentimentos e sensações, e tudo parecia um desfile de pernas malucas, medos e amnésias. Piadas não surtiam efeito sobre mim, passavam-me sobre a concha e iam cair no público sob a forma de risada automática. Meu ângulo de ação parecia esquisitice, para todos os efeitos. Encarar o mundo de baixo para cima, e sempre representado, parece artificial ou impertinente. Lembro-me do que se passava no palco. Um dia o centro cômico ficou bêbado, era o Alfredo, cambaleou até que o contra-regra foi retirá-lo. A ingênua que ia morrer de verdade saltitava do canto esquerdo superior ao direito inferior, assim, na diagonal, percorrendo as nove divisões do palco, a vida parecia uma eternidade à Abada Gottardo. Ela incendiou o tule de sua breve existência no alto-forno do amor de perdição. Transcreveu para o século XX, em pigmentos espirituais, a tragédia de 14 de dezembro 1866 do Alcazar Lyrique, ano em que a bailarina francesa Mlle. Chatenay ardeu e tombou no palco, sem dar tempo ao socorro médico. Havia pegado fogo por contato de suas escumilhas e gazes num bico de gás da ribalta, e não se deu conta da combustão que lhe carregou o espírito para o além durante a execução da dança pírrica por ela e o corpo de córos. Os trajes a cercaram de labaredas e ninguém aterrorizado fez nada, salvo o empresário Joseph Arnaud, o bom papá Arnaud, protetor dos protetores, que acorreu ao palco para colher o corpo queimado no seu derradeiro nu. Contava Machado Careca, presente ao local na ocasião, que o ponto Martin riu de felicidade por ver destruído o objeto de seus desejos não-correspondidos. O pior é que ele mandou publicar no jornal *Ba-Ta-Clan — Chinoiserie Luso-Brésilienne* uma caricatura do episódio, com a *danseuse* em chamas a desencarnar alegremente num cancã. Abada não teve a mesma sorte. Consumiu o coração até as cinzas de uma paixão esbugalhada.

Nada menos que sua moral foi julgada no palco do Trianon. Morreu de tuberculose aos dezenove anos, incinerada pelo remorso. Estávamos em 1925 e acompanhei bem o caso porque me tornara amigo de seu marido, cujo nome não citarei, por respeito aos existentes. Abada era a maior das ingênuas, uma criatura pálida e delicada, destituída de maldade. Fugiu com o ator da companhia e o fato causou espécie na classe e entre os jornalistas, seus maiores apaixonados. Um certo repórter publicou em hebdomadário carioca a notícia de que Abada falecia de amor, acamada em seu leito letal. E morreu no duro, talvez ao ter lido a matéria do gabiru desmerecido. Esses episódios provocaram o meu afastamento da cena, até que desistisse dela por inteiro. Ficava deprimido, em nevrose horizontal. Já tendo vivido tudo, eu parecia inoculado do veneno da sensibilidade. Deprimia-me por nada mais sentir, por ter gasto qualquer reserva de pranto. E começava a rir da Abada e de seu infeliz amante. Eu havia castrado um possível desejo pela ingênua e seu perfil de estátua hindu, olhos sossegados e sorriso de enfermeira.

Tenho narrado minha trajetória em fumaças ascendentes e descendentes, para assim evitar fornecer a impressão de um progresso ou de uma evolução. Os desgastes na minha mente eram visíveis a todos, menos a mim. A imagem dos volteios espiralados me parece a mais fidedigna para representar eu por mim próprio. Como já repeti tantas vezes, os fatos da vida me perturbavam mais do que os do palco. Na minha despedida do teatro, sob os auspícios de Chico Alves, eu já não prestava atenção em mim mesmo. Sentia-me o de sempre, sem ter amadurecido ou realizado nada de importante. O ambiente agitado do palco me desviava de prioridades que eu poderia ter traçado para minha vida. Sem família nem mulher, eu passava por pensões e hotéis baratos, acumulando economias exíguas. Havia, sim, este progresso do cansaço existencial, da falta de ânimo para recomeçar. Minha vida havia se encerrado de fato no ano fatídico de 1918, com a Espanhola. Tudo a partir de então foi além-túmulo. Eu teimava em existir no sobrevôo de coisas e fatos, como um fantasma de vôo baixo, um galináceo espectral no galinheiro do regime noturno. Uma maneira de ser essa nova entidade era escrever, jogar uma palavra ao lado de outra e construir uma história só minha para guardar os fatos espichados na sintaxe sem limites de minha caligrafia de ponto, que deve ser sempre clara e visível a qualquer um. Ao fecharem a companhia do São José, eu já esperava o sinistro com o coração esperançoso de que surgiria das gambiarras um empresário idealista que a todos nós resgatasse. Surgiram Ottilia e Chico Alves. Mas já não se importavam com a verdadeira arte. Construíram caça-níqueis, e eu no meio. Os espetáculos se tornavam mais vistosos e sem conteúdo. Ao ponto já não cabia mais nada senão controlar os botões. Sentia-me um autômato, um jogador de xadrez turco que mexia as peças da *féerie* movido a corda. A minha biografia poderia terminar exatamente aqui, mas há ainda tanto para contar do passado, daqueles momentos espetaculares anteriores à Espanhola e mesmo os do início do pontificado do cabelo *à la garçonne*. Me deu cinco minutos e pedi as contas para o Chico e fui para casa, desde então tenho vivido de expedientes, bicando cá e lá, até que um feio dia me eliminaram da cena e tamparam meu buraco. Chico não quis aceitar a demissão, porém terminou sendo vencido pela minha convicção. Recolhi-me a uma casinha pequenina que havia comprado no Grajaú a preço de laranja seleta. De lá saía às vezes para pagar o fiado do armazém, mandar cartas e ir ao banco. Meu quintal de jaqueiras absorvia e abafava a crueldade do mundo. Eu passei a existir de bocejos e escritos. Às vezes o pessoal me visitava, mas só o Mari Noni foi mais assíduo. Com seu topete habitual, trocava idéias e me punha a par dos sinistros teatrais e das pateadas mais fresquinhas. No instante em que se tornou autor de livros e atingiu, segundo ele próprio, a eternidade, largou os amigos antigos e nutriu-se exclusivamente de glórias, até ser também expelido de suas funções, tido por obsoleto. Se vocês me dão licença, vou dormir para sonhar com outros dias e pensamentos iguais aos que expressei acima relacionados. Mal sabia eu que, no passado mais ou menos recente, tais sonolências se revelariam impraticáveis... Dormir no ponto, jamais!

Pancada II: Influenza

"Cai o pano antes do tempo
ou demora em conclusão
foi o ponto que esqueceu-se
do sinal de prevenção.

E o suplício que se sofre!
O calor que aqui faz!
A gente em baixo do zinco
e ao pé dum bico de gás!"

1.
ZECA BRAZURURA, OU RÉQUIEM ALEGRE

Havia o meu berço São José, construído como Theatro Princepe Imperial justamente no lugar onde se instalaram um dia as cocheiras do seu Moreaux. Depois virou Variedades e se apresentaram o panorama e a Inana, a mulher loura de longas madeixas que levitava à meia-luz e todos confundiram com o cinematógrafo. Tinha gente que se perguntava como os Lumière conseguiram inventar uma mulher alada exata só com efeitos de luz. O São José das sessões, erguido como um oásis de nacionalidade no meio da aridez das revistotas portuguesas. A vocação de cocheira continuava, comentava o Leal, porque ali na caixa se enfileiravam as mamíferas mais belas do *uber et orbe*. Ah, naquela caixa eu vivi cem anos em cinco. Fora do meu buraco contemplativo sinto-me à parte de um mundo que se prolongou sei lá até onde, desembarquei antes que ele terminasse de vez, e para mim continua mesmo, o maxixe é dançado nos campeonatos, e Pedro Dias vence, a Cinira Polônio começa a companhia do Segreto com seus *couplets* tantalizantes, os vestidos são retos, caídos, na revolução depois do espartilho, tudo isso é *art-nouveau*. Eu me transporto para aquela noite pesada de suor em que os primeiros tombaram aos socos da Espanhola. E choro duas vezes, lá e cá. Calma, Praxedes, contém tua musa doente, retarda o sofrimento, espera um pouco mais. Meu desconsolo é ter que contar aqui o final de tudo e encerrar também neste relato a doença que me matou por antecipação. Gosto da idéia de ela não aparecer no livro, para que o ponto pontifique, o gênero alegre se mantenha em pé e meus amores, as coristas, estejam sempre a postos para uma coreografia desconjuntada, com meias grossas, fartas de carne como o desejo amoroso do tempo. Luiza Lopes me incentivava com os passos do fado, estávamos a sós na caixa depois de uma matinê no Pariziense, onde passava O Romance da Nihilista, com meu herói Frederico Ward e a galã Jean Eogels. Lembro-me bem por que não assisti à fita, ocupado com os braços de polvo da Luiza. "Que achas deste passo corridinho?" A brinchalhona maliciosa traçava com as pernas o arco do cancã, quase a tropeçar sobre si mesma. "Isso é Offenbach, minha flor! Do tempo do Alcazar!" Eu fazia o jogo sedutor com a corista mais safardanas do teatro. Dançava agarradinho o tango-chula "Vem cá, mulata!", cujo som vinha de um capenga fonógrafo napolitano de propriedade do Segreto. Atuava eu como um sátiro e me arremessava aos braços da mofina, para aproveitar de sua boca como de um palco às escuras, desregrado e sem outro ator que eu. Luiza mal tinha passado a noite comigo, lembram-se?, e queria e não queria simultaneamente. Havia conhecido um moço, engenheiro mecânico formado em Pernambuco, um tal de Eufrates Barbosa, que trabalhava para a Casa Hime. E me cochichava a Luiza que não queria se envolver mais comigo. Ao mesmo tempo, durante os ensaios, vinha me seduzindo com seus requebrados. De tanto quebrar veio o engenheiro me quebrar a cara numa dessas noites de lirismo, eu sob Conchita, no apontamento do mundo, aparece o tal do Barbosa a rastejar por baixo do palco para me encher de pau. Meu cantinho era de madeira pintada de amarelo como um quarto do Van Gogh; sentava-me numa cadeira de palha e eu pregara uma gravura japonesa com um percevejo perto de mim para contemplá-la com o candeeiro de azeite quando tudo escurecia. Barbosa era mais jovem que eu, parecia um coroinha louro saído do mosteiro de São Bento, angelical no guarda-pó ilibado da Casa Hime. Quis me dar uma coronhada com sua pistola pelas costas, mas consegui dominá-lo com punho de ferro em brasa e o candeeiro. Ninguém tinha o direito de me interromper, e não na noite mais cheia de *A mulata no cinema*, justo nos números da estrela, que era Ottilia, como sempre. Mandei o contra-regra retirar Barbosa do recinto e não lhe dei ouvidos, pois me pedia que me afastasse de Luiza. Ironizei: "Como posso me afastar se não me cheguei perto, mocinho?". Dei-lhe as costas e fui trabalhar. Naquela época, todo mundo fora o pessoal do teatro levava muito a sério esse negócio de amô. Achavam que um compromisso sensual valia qualquer sacrifício, pobre coitado do Barbosa, se soubesse da missa a metade... Cala-te boca, Barbosa! Luiza foi de um por um lá na caixa. Minha só, não seria pretensioso em me gabar. Amor era artigo abundante nos bastidores do São José. Uma xepa. Todos tinham amores com todos, embora a orgia acontecesse discretamente, no silêncio das fofocas cochichadas. Como posso mentir sobre esse fato? Devo ser o primeiro historiador do palco cênico indígena a se ocupar de assunto tão delicado. A concorrência entre atores e atrizes, diretores e contra-regras, era tanto artística como sexual. Possuir tantas vezes Luiza significava um trunfo oculto no meu entender. Então deixei que o coió do Barbosa sonhasse com paraísos de catedrais ao lado dela, enquanto eu tentava ignorá-la para evitar confrontos. Ela se imiscuía no meu trabalho, ia ao buraco para espargir seu perfume alecrinado. Eu sorria, ao passo que mirava outras coristas que lá em cima esperavam as ordens minhas. Isso a encheu de ódio, de Salomé todas têm um pouco. Quis me prejudicar, falou mal de mim ao diretor artístico. Reclamou que eu a assediava com cantatas que não eram de Bach. E essa figura diáfana me seguia na minha volta à casa, um ectoplasma de mulher dona do meu nariz. Aí num belo dia de outubro ela começou a espirrar, ter febres, tremeliques e caiu no palco, vestida de fada, em ceroulas de gaze rósea durante a seção das 10h12 de *A mulata do cinema*, o grande acontecimento teatral da época. Já falei que ela era uma moreninha muito linda, a mulata com as jacas mais fabulosas que já passaram pelo crivo de um ponto. Seus olhos escureceram, as pálpebras nem tiveram tempo de cair. Luiza inaugurou a influência espanhola. Conto como foi. Também confesso que constituiu a faísca de eu passar a escrever sobre aquele tempo. Foi presa do cadáver dela que ensaiei meus primeiros passos no universo literário. A frase anterior escrevi nas pernas do pálido cadáver, enquanto fingia que o arrumava.

Silêncio dos diabos na noite de 15 de outubro de 1918. Eu ouvia o ator Grijó que entoava "Aí ó linda", um fado — na época ele baniu o tango e o lundu da moda, mas só era mudança de nome — a mais de um quilômetro de distância, da minha casa, ele no Palace Theatre, onde estavam levando com a hilariante farsa lisboeta O *conde barão*, com a Companhia Aura Abranches-Chaby. O cartaz dizia: "A maior crítica aos novos-ricos". O bacorinho Chaby Pinheiro, no ápice de seu humor de bigodes em ereção, interpretava o conde Zé Maria e Aura fazia a condessinha Gigi. O número de sucesso era o fado do Grijó. Só havia uma sessão, às 8h45, ou 8 1/4, como se escrevia na época. A zona teatral virava sepulcro quase silente, não fosse a gaiatice do Grijó. O burburinho deu lugar ao luto e nesse ambiente d. Pedro I eqüestre avultou ameaçador. A influenza sapateava e tocava castanholas em cima de todos os corpos celestes. Dizia-se que os imigrantes espanhóis a tinham trazido nos navios. Havia surgido no front oriental, das emanações dos cadáveres insepultos da guerra. Mas eu e o leitor já sabemos da verdadeira origem do horror. Em minha casa todos se prostraram, ainda que tivessem tomado todas as precauções indicadas pelos médicos de almanaque. Todos, menos eu, fizeram gargarejos e colutórios de ácido tímico na dosagem de um por mil. A família era tão prevenida que nem arriscou o tratamento alternativo, a base de uma beberagem de água com limão, à qual eu acrescentava cachaça azul. Dona Balbina fazia mais; besuntava as narinas com vaselina mentolada e se empanturrava com pastilhas antipalúdicas. Ela parecia gargalhar, de olhos e boca esbugalhados, mas não emitia um só ruído, estirada na namoradeira da sala. Pedro Augusto parecia jazer em ópio dos justos. Meu pai pulava de febre e tossia como um cocker spaniel que saísse à caça, jogado a um canto do quarto. Eu achava graça daquilo todo, sem perceber a gravidade do instante. Quando eu voltasse, todos já deveriam estar mortos e talvez estrebuchassem no exato átimo em que deixava o umbral da casa morrendo da cura. A noite corria alta e eu já devia estar no São José havia horas. Não pensei em chamar o médico da família, mesmo porque nunca tínhamos adoecido e médico era mera abstração, um tio distante que ninguém nunca viu. Consultávamos os almanaques de farmácia. Saí da casa às casquinadas. Ao me aproximar do teatro, me deparei com o edifício escuro. Só Leal (aliás já riquíssimo por ocupar o melhor cargo do teatro) estava lá, sentado no degrau da porta principal, para avisar, com o rosto choramingas: "Praxedes, Luiza foi a primeira vítima da Espanhola. Está sendo velada na Lapa. Vamo lá?". Luiza, a mais adorável poliândrica a ter pisado no palco do São José, experta no cancã, no quebrar, nas artes da sedução e do ódio. Fazia verter sangue dos tablados em que se contorcia. Tinha sede de glória, aos dezenove anos se foi levada pelo caminhão que Caronte mandou alugar no Rio para carregar cadáver aos montes literais. A querida Luiza era um ramalhete murcho de nervos, tudo a coibia e envergonhava. Falava baixo e pausadamente. Pouco opinava, sorria a tudo, como a humildade Salomé diante da bandeja do Batista. Conheci-a primeiro como atendente do Stadt München, antes de pertencer ao corpo de córos do São José. Servia o chope com uma vagareza de outro mundo, talvez com o fito de economizar a energia e os tostões para pagar a pensão. Era do interior, vinha de Vassouras tentar vida no Rio. Naqueles anos as moças eram mais roliças e aquelas que escolhiam a vida em palco e se dividiam entre Cupido e Mercúrio, diziam tudo na cara, sem subterfúgios. De Cupido tinha a petulância; de Mercúrio, o remédio que lhe aplacava as gonorréias da carne pecamibunda. No mesmo segundo em que assumiu a persona de Salomé e quis encomendar minha degola no São

José, deu-me um soco no olho que foi aos anais do teatro. E eu ria, por causa do namorado novo dela, do tempo perdido e da cabeça de São João num prato que ela desejava exibir. Dei-lhe uma vez mais as costas e lá foi ela morrer de vingança. Para que recordá-la nesta altura da história? Nostalgia da falta de nostalgia, quem sabe uma vontade de apanhar os fatos acabados na ratoeira do verbo.

O velório foi alegre, como tudo o que se passava com a gente. O Caradura pediu que o Bahiano, também amigo da Luiza, cantasse alguma coisa, e virou um pagode sem fim. Machado Careca discutiu com Brandão Sobrinho porque não concordava com a abordagem deste do sucesso *Cá e lá*, que estava no Carlos Gomes e havia sido o êxito maior de Careca quinze anos atrás. "Você erra nos passos do corta-jaca e faz o gênero joco-sério quando deveria ser apenas jocoso. Não entende do papel que eu criei", dizia Machado. "Pára com isso, Machado, porque eu te admiro como a uma sogra", replicava Brandão com a verve ferina que lhe esculpia tantos desafetos. Os amigos da corista não economizaram elogios à donzela. Na sala de espera da casa da mãe de Luiza, dona Guilhermina, dona de armazém, batucávamos os últimos sambas porque não sabíamos que era já o passo mortal da Espanhola. Até a diva Italia Fausta participou, naquela noite em que não apresentou no Recreio o drama *A cartomante*. Como Ottilia, Italia, também ela Madalena do *Mártir* no Carlos Gomes, não se afetava por nada, sempre ostentando o cenho grave e as elipses de atriz trágica. Barbosa inundava a câmara mortuária improvisada, a beijar loucamente a defunta modelo 1918 quando ninguém estava olhando. As pálpebras esverdeadas de Luiza pareciam tampar furos. Seus olhos tinham sido devorados pelo estreptococo. As mãos crispadas não davam para disfarçar em posição de reza; pareciam garras (pensei na hora, não sem remorso posterior: patas de galinha torturada). Vestia uma túnica de chita cinza, tingida às pressas. Logo ninguém mais velaria os mortos por medo de contágio. A noite se passou na cantoria gemida. Os retardatários chegavam do Electro-Ball, onde projetavam, se me engano bem, a comédia *Confeitarias conflagradas*. Era uma risada só. Eu revezava no improviso e no sentar-me diante do caixão, sentindo quase nada, naquela perplexidade que esse tipo de situação engendra, e que nos faz sentir coisas mesquinhas perante a morte por instinto de preservação. Era eu ali, mas não me sentia. Não contava nessa vida teatral ter que passar por uma madrugada gelosa de velório sem um roteiro definido exceto os dois episódios principais, olhar e baixar a morta. Ninguém se dava conta e daí que todo mundo aproveitava para dançar e cantar, para lembrar melhor da vítima. Barbosa fez menção de me bater diversas vezes, mas o evitei com discrição ao desaparecer toda vez que surgia, vestido como um noivo. Luiza tinha a aparência típica das mocinhas do tempo. Era pobre e os pobres vivem em incesto, são irmãos entre si na fome de subir na vida, nas feições e nos furúnculos líricos. Por isso as coristas do meu tempo guardavam aquela figura subnutrida que tanto agradava o meu companheiro de lutas Brício de Abreu. Marcas, varíolas, cicatrizes, pés-de-galinha precoces, pernas diferentes uma da outra, desproporção. Pequeninas, compridas, gordinhas. Luiza era assim, vincada pelo incesto da miséria com os tempos modernos. Morta, então, nem se fala. Toda morte reduz o indivíduo a uma condição abjeta, e a dela era de arrepiar. Emanava no ar o veneno roxo que matou outros tantos horas depois. As coristas que compareceram tombaram todas, como numa trôpega coreografia de dominó inventada por Eduardo Vieira, treze ou mais, umas sobre as outras, à saída do recinto, amontoadas na soleira da porta. A Dorotéia, gorda como Júpiter, foi a primeira; tossiu, desmaiou, morreu, no que foi seguida pela subnutrida Maria. Despencou de braço mole, sem manifestar um gesto ou ruído. Por cima dela veio Eufrásia, atapetada de curvas e escandalosa, disse que a Virgem Maria lhe vinha resgatar. Entrementes tropeçou Carolina, que morreu não se sabe se por traumatismo craniano ou de susto; gripe não foi. Amélia e Dulce apareceram em seguida, caídas como siamesas sobre as outras. Como era um corpo de córos, ninguém conseguiu distinguir as seguintes; estrebuchavam em *sfumato* e em velocidade de automóvel. Todo mundo correu em pânico e deixou a responsabilidade e as bolsas a dona Guilhermina. A chamado dela, o caminhão junta-cadáveres chegou e recolheu o festival de pernas bonitas. Não havia tempo para extrema-unção. O círculo deste inferno a céu aberto se apertou em torno de mim com uma rapidez inesperada. A poucos metros da casa de Luiza, fui tomado de pânico. Eu conseguia ouvir a voz hiperaguda de Anãzinha, guinchando a cançoneta "O Zeca Brazurura", insucesso carnavalesco furtado do malfadado Caradura, favorita da *chanteuse*. A música era jocosa, mas me transmitiu um calafrio premonitório que não podia aceitar: a família. Minha família, fui a galope para casa. A porta estava trancada, abri-a com minha chave, mas acabei por quebrá-la dentro da fechadura. Um cheiro insuportável emanava da casa. Logo na sala dona Balbina de borco estirada no chão, mergulhada em vômito lilás de ácido tímico. Meu pai estava jogado na cama, com a mão direita agarrada ao peito, a boca entreaberta. Do lado dele, Pedro Augusto ainda vivia, ajoelhado, a garganta em chamas de quinino, a suspirar. "Me salva, Saturno. Me salva, Saturno." Era meu apelido em casa. Agarrou-se aos meus tornozelos quando tentei sair à procura de médico. Segurou-me tão fortemente que caí e bati a cabeça. A madrugada dava para cortar com facão. O sol pôs os raios de fora para me acordar do desmaio. Pedro Augusto segurava ainda meu tornozelo, em rigidez cadavérica. Principiei a gritar, mas ninguém tinha ouvidos para a tragédia dos outros. Não gosto de contar o episódio, naturalmente. Só que tudo aquilo afetou meu trabalho como uma queimadura de terceiro grau. Tendo vivido cinco anos entre pilhérias e coplas, não contava com o teatro grego a baixar à minha vida. Não pude fazer nada pelos meus.

Cheguei com a cena armada sem possibilidade de peripécia ou reviravolta. Chorei por horas seguidas, sem tomar atitude alguma em relação aos corpos, que esperavam um enterro cristóvão. Que não tiveram, porque o Caronte motorista apareceu, removeu-os de mau humor, sem dizer palavra. O dia estava abafado e o cheiro de morte se espargia aos nove cantos da cidade. Eu julguei estar alucinado porque, no exato instante em que o Caronte motorizado carregava minha mãe para o monte de corpos, ouvi "Zeca Brazurura" na garganta de flautim de Anãzinha, acompanhada nos refrões por um coro distante de cavaquinhos ébrios. Emendaram em *tutti* com o "Fado Liró". Aquela melodia merencória corroeu minha alma. Cantei junto, os olhos parados no meio do percurso entre o junta-defunto e seu caminhão. Era o pano do fim dos tempos caindo antes.

2.
A MORTE CACAREJA NO PALÁCIO

Em vez de querer uma saída da embrulhada, procurava loucamente por um aumento do engano. Teatro, proscênio e buraco compunham o lar de Minos em que eu estava metido até os dentes, ou mais. Não sentia mais o outro mundo fora dali. O além-buraco era ovo oco. Esperei um tempo a fim de alterar o processo. Não adiantou. Queria estar longe do outro mundo, enfiado neste, feliz até a morte. As pilhérias, quadros, cenas, sainetes, tudo se descortinou em realidade diante de minha retina. Agora recordo do episódio na forma de fantasia. Vejo o chapéu emplumado das *girls* como o coroamento de minha carreira. Eu gritava na realidade para que elas acertassem o passo. Tudo agora se torna poético e recebe o sentido de um delírio. Foram cenas que qualquer um descreveria como fazendo parte de um grand-guignol. Eu estava no buraco no momento em que Virgínia Aço camboteou em cena e caiu feito um pudim. Ela também se foi, na seqüência de Luiza. Beatriz Martins, aquela que me esnobou, espantou a vizinhança com seu padecer. Pediu ajuda da sacada, em camisola. Estendeu os braços para fora e, feito sonâmbula, despencou para a morte, aos berros de palavrão. A Espanhola era coisa de juízo na minha existência. Enquanto contemplava o caminhão a se afastar, vieram-me à tona as recordações antes do desmaio. Ao chegar em casa tive clara idéia de que as almas dos meus parentes fugiam em desespero daqueles corpos mutilados. Não havia mais olhos no meu pai e sim buracos de onde saíam e entravam anjos varejeiros. O espírito de minha mãe havia se grudado em um de seus braços e, na pressa, arrancou-o do corpo, fazendo-o voar às cegas pela sala e bater nas paredes. Terminou por se estatelar no chão, com sangue aos jorros. Uma cena de grand-guignol do Eduardo Garrido! Pedro Augusto derretia feridas de gelo. Em pouco tempo minha casa era um rio de sangue que desembocava no saco do Alferes. Eu ouvia os espasmos da zona teatral perto de mim. O juízo chegara a galope. Era um sobrevivente no bafafá gripal. Saí a pisar em feridas e sangue. Meu pesadelo com olhos pasmos. Os cães sonham com latir atrás de feras, como diz Petrônio. Eu pesadelava como um cão sem caça sem ter aonde ir. Eu não perseguia o leopardo no sonho, mas um sossego infinito. A peste se abatia sobre a cidade e comecei de novo a rir, chorar e trautear o último samba do Bahiano copiado do Caradura. Passei a achar que a cifra de milhares de mortos era pequena, erodida pelas trapaças da sobrevivência. A "quinzena lúgubre", nos dizeres da crítica especializada, parecia não se acabar. Se o enterro de Luiza foi lento como um ensaio do Eduardo Vieira, o das outras coristas teve a rapidez de uma cena de cortina inserida por Raul Roulien à moda americana. Uma corrida contra os vermes famintos. As moças não tiveram velório. Foram à cova em separata, por deferência especial dos parentes. Os teatros pararam de funcionar, até mesmo o do Chaby que tinha programado para a noite seguinte uma festa em seu benefício e me senti pela primeira vez abandonado. O Trianon quase completo desfaleceu, de Apolônia Pinto a Amália Capitani, levando consigo o corpo de córos. Os suicídios deixaram de ser novidade. Desvairadas pela febre, donas de casa ateavam fogo sobre as vestes úmidas de querosene. Pais de família tremiam ao segurar a pistola na boca, que lhes fazia voar o tampo das cabeças. Gente pedia para ser atropelada pelos automóveis. Eu precisava tomar providências, organizar os enterros e tomar parte de outros. O contágio parecia iminente e me considerava já um fantasma a errar pelas ruas, testemunho de cenas monstruosas. Avaros e pródigos eram levados pela mesma onda. Revistógrafos de estirpe desmoronavam em cadáveres idênticos aos dos piores poetastros. Jornais do dia cobriam os cadáveres espalhados pelas ruas. Uma fumaça branca adensava o calor do sol. Não sou Plínio, o Moço, para fazer do Rio o que ele obrou com Pompéia. Mas juro que enxerguei lava negra a jorrar do Pão de Açúcar e soterrar as casas. O Brasil inteiro estava enlouquecido na corrida ao quinino. O presidente da república era Wenceslau Braz, que morreu da epidemia e foi substituído em novembro pelo lunático Delfim Moreira. Ele foi o Nero do Rio. Instalado numa poltrona no Corcovado, apreciou o caos, ao mesmo tempo em que recitava quadrinhas de sua infância. Felizmente acabou soçobrando à gripe, numa prova cabal de que a morte reza pela cartilha do ecumenismo e carrega consigo também os vigaristas. O caminhão de Caronte levou um casal de namorados abraçados um no outro, cimentados para sempre. Amigos e colegas se foram sem que eu pudesse fazer nada. Caradura caiu de borco na soleira da porta da sua mansão. Corri para ajudar a viúva e despachar os documentos. Chorei sem lágrimas a desgraça do meu amigo. Minha casa eu abandonei com medo. Arrastei-me pelo céu aberto, contei os réis que me sobraram. Glóbulos oculares saltavam pelas sarjetas, ricocheteando uns nos outros como bolas de gude. Bandos de membros avulsos faziam a novena das seis da tarde, a rolar pelos paralelepípedos. A cidade queimava de febre. Os ratos vinham à superfície e negociavam carne humana sem o menor pudor. Mascavam narizes, olhos, orelhas, deliberavam sobre a cartilagem mais suculenta. Os cadáveres se mexiam grávidos de vermes e prolongavam a agonia das almas que neles estavam contidas. Uma voragem de sangue e excremento varria a limpeza das ruas, arrancava as existências, nutria-se de destruição. O caminhão não dava conta das carcaças. O primeiro carregador de mortos foi levado pelo substituto, e assim por diante, até que nós mesmos nos encarregássemos do serviço e fôssemos também transportados. No arco do leão do meio-dia, a praça Tiradentes se travestia em pátio de massacre. Como poderia negar o cheiro pútrido que assaltava as narinas agonizantes da população? Eu seguia a pisotear as feridas alheias com um sentido de ordem que talvez houvesse me escapado, mas me regia de longe até sempre. Todos eram chamados ao julgamento da história, glutões e contra-regras, bengaleiras, empresários, dançarinas e sobretudo os críticos. Estes morreram como ratazanas na campanha do Oswaldo Cruz. Ninguém lhes notou a ausência nos jornais, pois havia outros roedores para os substituir, além do que nunca um dono de jornal avisou aos leitores da saída de um crítico que fosse. Dormi ao relento, afogueado pela gripe. Minha preparação para a morte se resumiu em contemplação. Mirava o semblante atacado das beldades, arrependidas de haver recusado favores. O Rio barbarizava-se. Pais enterravam filhos e vice-versa, um jogava terra no outro, desmesuradamente. Órfãos pediam a ajuda do Inferno para se livrar do mal. O sol ficou roxo e ardeu até cansar. O Juízo Final contratou o acaso como ponto. Quem sofreu julgamento o foi por obra das circunstâncias. Virgínia Aço era uma santa, e se foi, soprando nos ouvidos de quem a segurava nos braços: "Quem se compara à Besta? Quem pode lutar contra ela?". Outro amigo meu, o ator Leonardo, astro do *Fandanguaçu*, rendeu-se à influência na distante São Paulo. Um homem de bem requebrado. Logo estrebuchou Olympio Nogueira, melhor Jesus que o original, pois jurava ser o pai de Deus. Quem escapou experimentou o travo da perda. No interior da epidemia, divisei a condição humana como uma cloaca de desgostos sem pausa. Não há moral na doença. Ela devorava todos, madrasta faminta. Os vermes se reuniam no grande banquete para comer carnes de reis, carnes de capitães, carnes de poderosos, carnes de cavalos e cavaleiros, carnes de todos os homens, livres e escravos, grandes e pequeninos.

Presenciei a desarticulação da nossa melhor sociedade. Era um êxito do meio do ano. Os medrosos chateavam os médicos com súplicas exageradas. Contemplei cabeças em busca desesperada aos troncos, a virar esquinas na velocidade de automóveis. Corpos inconscientes pediam que as almas voltassem ao lar paterno. A farmácia Granado foi invadida pela multidão sedenta de sal de quinino. E, no entanto, ainda se dançava o maxixe às escondidas em muquifos do Mangue, para não dar o que falar. Tia Ciata continuava a promover festas regadas a cachaça, sem dar confiança ao sinistro. Vivia-se o prazer do átimo de segundo. Desembestei em pensar que a nossa raça mortal é regida pelo destino, e não é lícito nem mesmo obter a promessa de que os caminhos da vida serão seguros e firmes, ao longo dos quais cada dia vem com sofrimentos contínuos e acasos a varejo.* Foi então que Leal me encontrou sentado à sarjeta. Pôs-se ao meu lado, com expressão resignada: "Praxedes, teus cabelos estão ficando brancos", percebeu. "Não há motivo para chorar. Pensa. Os mortos são maioria agora. Se tu contares os da história do homem, sempre estão em superioridade numérica. Agora é a mesma coisa. Estão chorando neste momentos, e é por nós."

Ignorei Leal com um olhar amargo e saí a passos largos para que não me perseguisse com lugares-comuns. Não sei ainda se tudo aquilo era real, pois estava bêbado como viera

---

* Neste trecho, Praxedes incorre num plágio de Sêneca, sem citar autor nem fontes. Façâmo-lo por ele, que certamente agiu com o espírito *naïf* que lhe era peculiar. É de se crer que o narrador tenha involuntariamente copiado o texto, atribuído talvez erroneamente ao preceptor de Nero, sem ter tido qualquer contato com a obra original. A reflexão veio-lhe ao bestunto seja por um substrato permanente de suas primeiras aulas de latim, ministradas com cuidados de cirurgião pelo saudoso professor J. Mattoso Câmara, um fã de Sêneca, seja por pura e simples metempsicose greco-pagã. Por curiosidade, a citação do canto do coro da tragédia *Octavia*, atribuída a Sêneca (embora nela a morte de Nero mereça uma gostosa profecia), é quase idêntica ao devaneio do narrador. Senão, leiamos: "*Regitur fatis mortale genus,/ nec sibi quisquam spondere potest/ firmum et stabilem vitae cursum/ per quem casus volvit varios/ semper nobis metuenda dies*". Apud Codex Etruscus aut Laurentianus, *Octavia* (924-8). Este corpus paradigmático, único tomo com status edótico de genuíno, foi consultado em 1973 por especial deferência da Biblioteca Laurentiana de Florença. (J.M.Z-Z.B!)

ao mundo. Tropecei às pressas em corpos inertes e caía às vezes de borco numa poça sangrenta com cheiro de fossa. Eu tossia sem parar. Queria dar um jeito de terminar com o padecimento e a gritaria coletiva. Mas por todo o canto se ouviam as sete trombetas do Apocalipse, em execução buliçosa da banda do Corpo de Bombeiros. Mulheres saíam nuas dos cortiços remanescentes do centro, como a se vingar de milênios de gigolotagem. Pediam socorro, invadindo os cabarés e logradouros privados. No Palace Club, duas vênus paleográficas de Altamira se ofereceram em sacrifício público. Despiram-se até tirarem carne dos ossos. Dois esqueletos dançaram o corta-jaca macabro, sob a gargalhada da platéia. No Assírio, o jantar foi interrompido por doze virgens esqueletais que dançaram o cancã até estrebucharem umas sobre as obras, sob os aplausos dos *habitués*, também eles adoentados. Fui ver o que restava do Le Sérail e, quem sabe, salvar Theoda do pior. Ninguém na porta. Ao entrar, descobri o Inferno no Oriente: as mesas se consumiam em chamas azuis e, pelo chão, cadáveres desfigurados, pisoteados, triturados por alguma força diabólica. Tudo levava a crer que a maleita tinha nascido mesmo naquele ponto exato. A orquestrinha mantida pela espelunca padecera toda ali, cada músico, sorridente, abraçado ao seu instrumento no momento de alegria. Não deu tempo para o pavor. Todos pareciam tocar jocosamente o último samba carnavalesco do Pedro Celestino, plagiado certamente do Caradura. Um coronel glabro de chapéu ainda mantinha a língua para fora e o lume do olhar de luxúria feliz; só que não possuía mais corpo, apenas o bestunto, pendurado por uma corda improvisada com toalha no centro do salão. No meio do cruor, não consegui reconhecer a virgem da macumba, a meretriz do século, como alguns a chamavam. Eu ria amargo para a caveira risonha do mundo. "Theoda não morre, seu bobalhão", grunhiu o crânio como podia, pois não possuía o maxilar inferior, estava bêbado e marcava erroneamente o compasso da banda do Corpo de Bombeiros.

Pela primeira vez na vida, assistia, impotente, a um espetáculo. Recorri às pílulas sudoríficas Luiz Carlos e fui à Gávea atrás do doutor Antônio Lobo Gil para que me curasse em cinco minutos. Nada feito. Sentado a um banco do campo de Santana, vomitei em jorro incessante a tremedeira que me assaltava. Pernas avulsas saltitavam de cá para lá, a fazer ciúmes aos sacis. Eram de todas cores e raças. Um pé amarelo veio se abrigar perto dos meus, atraído, quem sabe, pelo calor do meu sapato. Porque, confesso a todos neste instante solene, o meu chulé recendia a puro ópio. O eterno falecido Léo Leopoldo me revelou isso numa noitada do Castelo. Fui cavar um buraco na grama para não mais presenciar aquilo.

Cães comiam tudo o que viam pela frente. Havia tantos mortos pelos nove cantos que alguns fantasmas se aposentavam das funções, desgostosos, impacientes com a espera na fila, e voltavam à vida, para julgar os finados, e rir deles. Um deles foi justamente Machado Careca. Seu espectro se aproximou do meu esqueleto para comentar sobre o mundo vão. Estava ainda mais magro, com o que seu nariz parecia ainda mais pronunciado. Paramos diante do canal do Mangue, tornado corredeira de cadáveres. "Meu querido Praxedes", tocou-me nos ombros encurvados com delicadeza excessiva, medrosa, "a morte me deu uma carona de volta porque insisti muito. Me trouxe em troca de todas as minhas economias. Não me importei, sabe como é, eu tinha os anéis mas não mais os dedos. Ela foi boa comigo. Com gentileza, carregou-me pela ponta do gadanho. Como é linda a morte, Praxedes, um morenão! Mas quis voltar do além-túmulo porque percebi que não existe transcendência entre os espíritos. São frios, vagos e sem ideais. Embora nutram alguma cordialidade, é pra nada! Não têm nada a ensinar pra gente. Encontrei Leonardo, Olympio, Virginia, Guilhermina Rocha e o Caradura. Eles queriam jogar buraco em vez de fazer algum comentário sobre a situação ou rezar, ou dar as mãos em solidariedade! A Luiza sugeriu até um maxixe endiabrado para balançar o céu! O Caradura recuperou a voz, desfiou seu estro de quinhentos títulos e prometeu se vingar da Casa Édison. Envenenaria todos os que fossem atingidos de alguma maneira pela emissão de sua voz em conserva. O Leonardo apresentou mais uma vez o seu insuportável e puído número do *Fandanguaçu*. Eu não podia senão rir a valer. A morte, bem, ela é mortinha da silva. É uma capitalista de sucesso. Tem uma *villa* construída no topo do Inferno. Só aceita contatos espirituais, e sabe fabricar prazer em troca de faxinas nos círculos infernais. Esgotei meu repertório de gagues por lá, mas ninguém se dignou a rir. Um fiasco!". Eu gargalhei ainda mais para não cair no chorinho. Algo me cochichava sobrevivência. "Não há de ser nada, seu Careca", falei com aparente segurança de bonachão. "Ainda vamos rir do episódio!" Que dito infame. O venerando ator começou a chorar, indignado. Seus olhos de chin lançaram chispas: "Será possível que nada te atinge, Praxedes? Não tens amigos, uma namorada, uma família? Manténs uma pose olímpica enquanto tudo escorre pelo ralo da Espanhola? Não consegues distinguir o riso do palco do choro da vida real, meu amigo? Onde está a tua humanidade? És tão jovem para pareceres um recitativo seco...". Percebi uma mágoa alimentada de longa data no fígado insurrecto do Careca. O mais amargo dos homens é o cômico desempregado. Careca me surpreendeu e não tive nada além de mudez profunda. Senti-me pequeno demais para o arcabouço ético do meu amigo. Com a notória intuição sobre a vida que todo cômico cultiva, ele havia notado que, de fato, eu não tinha comoção suficiente diante do urubu pestilencial. Deu-me as costas e se afastou tristonho rumo ao cais. O que eu podia responder a um espírito superior como o dele? Nada. Eu queria me manter num passado distante, num limbo de possibilidades, mas já não havia mais o tal. As coisas se apresentavam diretamente e eu tinha de enfrentá-las aqui e já. De repente, me senti velho. Olhei em torno e percebi que o sacrifício de tanta gente não havia alterado de fato a beleza da paisagem. Vivemos um inferno sem conseqüência para o resto da natureza. E será que teve conseqüência para outro que eu? As ruas estavam lavadas pela chuva e tudo cheirava a creolina.

    Olhei por acaso para o topo do palácio Monroe, e qual não foi meu susto de reconhecer o vulto feminino que lá em cima se agarrava ao pára-raios, cercada de sete urubus malandros. Theoda, toda vestida de turbante amarelo-ouro, mantilha negra no rosto, exibia-se peladona à ventania. Acenava o gadanho para mim, segurado-o pelo cabo com a lâmina para baixo, em movimento de pêndulo. "Me leve, me leve lá pro Pará!", pedi a ela, macaqueando uma chula raiada da época, talvez de autoria do Caradura. Ela me enviou por cabo telegráfico transatlântico o recado em espanhol de que um dia me levaria, mas agora não dava mais tempo de novo. Como prêmio de consolação, me mandou um orgasmo rápido. Enquanto eu desfalecia, transfigurou-se em esqueleto e se escafedeu por um minúsculo alçapão que havia na cúpula verde do Monroe. Ouvi, à distância, o cocoricó da Morte. O mundo estava cada vez mais parecido com uma mágica do Eduardo Garrido. Agora me sinto sentado ao colo de Theoda. Durante esta história ela falou por meu intermédio. Usou-me como mensageiro. Sou um boneco de ventríloco da morte.

    No dia 3 de novembro o Chaby voltou a fazer micagens no Palace Theatre e a vida voltou a seu encaixe como se nada houvesse antes. Pura aparência porque cada pessoa estava enodoada com a maldição do século. Como por encanto, ninguém mais no Rio se chamava de fluminense. Fluminense virou de repente um nome aplicado aos interioranos do estado. Fui morar na pensão Beethoven, na Glória, sem ter nunca mais coragem para voltar ao que restou da minha casa. Ela se tornou com o tempo um covil de mendigos, e eu não me importava. A pensão era maravilhosa, organizada, uma hospedaria como não há mais nesta cidade. Era governada por dona

Lambda, uma moça linda de seus vinte e sete anos, órfã e viúva de um italiano maluco que resolveu aderir à luta no front da Albânia. Lambda era a proprietária, mas não agia como tal, gentil e atenciosa como uma vestal capaz de amar um homem bem mais velho. Para encurtar a história, não me apaixonei por ela porque isso já não era mais possível. Eu parecia inoculado de tanto experimentar a parte sem o todo. Mas fingi amor para possuí-la com maior rapidez. Acabou por me envolver com o corpo delicioso e o espírito de devoção infinita. Logo viveríamos juntos para sempre e o amor viria anos avante como um bônus de guerra. Saí para trabalhar com a alma sossegada pelas bandagens e curativos que a conversa de Lambda me proporcionara. O São José estava de pé, sem se importar com o fato de ter virado pelourinho de almas. Entrei pela porta dos fundos e percebi que todo mundo me esperava. Saudaram-me. Não era eu mais.

3.
APOCALIPSE DO "*DÉSABILLER*"

Quase todas as estrelas e atores haviam sofrido com o sinistro. Menos o ponto Santos e o ator Germano Alves, ambos do Trianon, Italia Fausta e seu duplo ao avesso, Ottilia. Esta se tornou o símbolo da sobrevivência da mulher brasileira. Os jornais já a davam como restabelecida em 15 de outubro, ao lado de Rosalia Pombo. Ela mal adoeceu e se safou. Já tinha nascido órfã e sem família, então tanto lhe fazia. A grande vedeta atingia o topo e pulava de um ápice para outro, com sapatilhas de espantosa desenvoltura. Cada torrente de aplauso e bombardeio de risos com as piadas de Ottilia e Alfredo Silva eram para a gente do teatro uma chuva de orvalho. O mundo estava no recomeço e a bilheteria aumentava à sombra da maleita fatal. A partir de então, porém, tudo aparecia sem uma qualidade genuína, não sei bem demonstrar a impressão. Tudo me parecia uma cópia imperfeita de objetos e fatos do universo anterior à peste. O comportamento já não se mostrava espontâneo como antes. Eu vivia de representar, e não mais de ser o ponto.

Em capítulos anteriores, antecipei muitos episódios dos anos 20, como o da apoteose dos abajures e o caco gigante que eu enfiei em O *pé de anjo*. Mencionei as crioulas carmesins do Chico Alves, a chegada dos almofadinhas e a degenerescência dos costumes. Talvez não haja mais o que dizer dessa época. É preciso, no entanto, dar continuidade aos meus recortes, porque, ao contrário do que todos estão pensando, Praxedes não se deu por vencido, não. Pagar a pensão Beethoven não era fácil e eu precisava continuar a carregar a carcaça pelo mundo, mesmo porque ainda sonhava em salvar o teatro da esculhambação a que era arrastado. Ninguém mais que um ponto estava talhado para a missão.

Vou saltar direto à manhã posterior à minha intervenção imaginária no *Pé de anjo* e à não-publicação a meu respeito do picadinho elogioso do Mari Noni. Sentia-me coberto de louros da imaginação e passei a ver no recurso da interrupção das cenas uma saída para a nevrose que eu experimentava. Porque o ponto começava a ser desrespeitado pelo elenco inteiro. Aquilo que era uma pilhéria na boca suja da Pepa Delgado, em 1914, já tinha se tornado comportamento arraigado e rancoroso na dentifrícia de Ottilia em 1920. Não fui só eu, e sim todos os meus colegas que passaram a querer se sobressair de algum modo para vencer a maré contra.

Eu fui surpreendido de calças arriadas pela história da civilização. Tinha assistido a todas as peripécias e conturbações dramáticas ao longo de cinco anos do buraco; veio a influenza, tudo se atropelou. Eu, no mesmo lugar, sem ter sentido o tempo. Com o desmoronamento proporcionado pelo mal deletério, me vi empurrado na voragem, sem sair do meu posto. Tudo girava loucamente e eu no fulcro da roda agarrado ao texto, com os óculos grudados nos detalhes das didascálias, o lápis como ponteiro, Conchita a proteger meu côco como podia, o amigo abajur a esquentar o meu cenho franzido. Era eu preso ao papel, e não mais na carne de um ponto real, vocês me entendem. "Ottilia, pelo amor de Deus, não vá enfiar uma bexigada agora!" E Ottilia, vestida de baiana (foi a primeira e a melhor a fazer esse papel tão brasileiro nos nossos palcos, mais tarde imitada com notável mediocridade por Aracy Cortes e Carmen Miranda), me fincava a ponta fina de metal de sua chinela esquerda no olho, ao passo que exibia seus nove mil dentes para o público e pedia: "Maestro Mossurunga, um daqueles sambas gostosos do morro da Favela!". José Nunes havia morrido. A orquestra atacava o samba, a estrela se postava como diva, mas apenas sorria, sem cantar, a fim de provocar o público, aliás minúsculo naquela terceira sessão de meados de 1919. "Vamo, minha nêga, machuca esses otários que tiveram a coragem de vir à terceira sessão!", ironizava o *compère* Pedro Dias. Ela não cantava, para caçoar de si própria. Dançava com o Pedro uns passos que eles imaginavam ser de samba figurado, qualquer coisa para tapar buraco. Os gabirus subiam na gargalhada. Eu sabia que os dois não tinham decorado o texto no ensaio da tarde, e se recusavam a me ouvir. "Pra que texto? Que texto?", atacavam. Não deixavam de ter razão, pois os poemas eram de fato destituídos de valor literário. Nada melhor para julgá-los do que dois bambas da orgia como o casal que se contorcia em cena. Eles queriam ir direto à veia aborígine do público, sem intervenções de falas armadas por revisteiros que escreviam já sabedores de que não iriam ser levados a sério, com o olho no seu nome nos cartazes. Até os críticos se moviam por instintos duvidosos. Freqüentavam a caixa do teatro. Os desabusados chegavam bêbados e corriam atrás das coristas com promessas de uma citação no picadinho do dia seguinte. Era um escambo de amor e artigos sem limites. O contra-regra XX, por exemplo, perdeu a potência de tanto exagerar nos negócios. Ele inventou, aliás, um bordão cômico, transformado anos depois em uma revista de Cardoso e Bittencourt. Toda vez que lhe dávamos uma cotovelada maliciosa sobre a última corista que lhe havia caído no matadouro, XX disparava: "Comidas, meu santo!". O termo *comidas* e *comer* pegou para indicar intercurso sexual justamente por invento do XX. Que, por sinal, morreu de indigestão.

Além de álcool e sexo, o ópio e a cocaína circulavam pela caixa sem censura alguma. As agora chamadas melindrosas cheiravam e exaltavam a droga, vendida nas farmácias. Requebravam como mariposas e caíam em qualquer cantata, sempre assanhadas. Era a decadência! Era tão gostoso! Apesar de mais maduro, também eu tive minhas derrapagens naqueles dias. Ninguém conseguia parar de rir durante um encontro de amor ou fora dele. Não sei se era efeito da narcose coletiva. Eu mesmo, que evitava o ópio e me recusava a provar a cocaína, ria sem parar e no instante máximo de prazer a gargalhada minha e da minha acompanhante (seria monótono citá-las todas, umas cinco por semana) se ouvia a quilômetros de distância do quartinho onde nos escondíamos.

Um outro fato pitoresco acontecia no palco e no comportamento da patuléia. Muitas vezes tínhamos que repetir burletas e mágicas do tempo antes da Espanhola (que passarei a identificar como a.E., ou seja, tudo o que se passou no mundo antes de 15 de outubro de 1918, em contraposição a d.E., depois da dita cuja). Maquinalmente, o elenco repetia os histrionismos e até os cacos a.E. Um caco repetido se tornava lei. O público aplaudia idêntico, pateava igualzinho a a.E.! Eram outras pessoas, outra era a humanidade, mas o comportamento se mantinha. Vigorava um pacto de fingir que nada havia acontecido e que o espectador do lado não havia morrido. Assim, o desconhecido recém-chegado era tratado com uma familiaridade que o deixava lívido. O ponto eventual Luiz Iglezias, aliás, se encantou pelo teatro porque se sentiu entre amigos quando pela primeira vez pôs o pé no São José. Mal sabia ele que a simpatia não passava de mero recurso de sublimação dos espectadores sobreviventes. Os críticos que venceram o sinistro exaltavam o gênero alegre e afirmavam que o teatro musical brasileiro experimentava o cume. Uma situação impossível sem o público antigo (a gente notava que não eram os mesmos seres que freqüentavam o São José, outras caras, adolescentes gargarejantes de pernas nuas), Leonardo, Virginia Aço, Beatriz, Caradura. Sem mesmo Machado Careca, que resolveu agonizar lentamente em esgotamento nevrótico. Sentia-se golpeado pelas costas por não ter sido convidado a voltar à cena como astro de *Cá e lá*. Meses depois da lição de moral que me deu na horinha da sangüinolência, meu remorso o procurou para lhe explicar a falta de maturidade. Perdoou-me, mas não ao remorso. Continuamos amigos. Nesses anos d.E., Careca andava ouvindo um coro de espectros, formados por antigos colegas de palco cênico. Não conseguia mais dormir. Vivia em vigília, agitado como naquela gague em que imitava o seu mestre, o ator Vasques, compondo sozinho um casal de costas para a platéia a dançar convulsivamente o lundu do maçadas e o remelexo do maxixe. Dava dó nas pernas e nó no coração.

Resolvi convencer o Izidro Nunes, sucessor em modas de Eduardo Vieira, que Careca ainda poderia ser útil como sogro virtuoso ou então como centro dramático. "Tu estás louco, Praxedes? E alguém quer ainda saber do Machado, homem? Ele pode talvez fazer um duende de mágica, mas desses que se destacam pela feiúra." Foi assim que, a pedido meu, o grande Machado se submeteu ao papel desprezível de diabinho na obscura *rentrée* de *A pera de Satanaz*, conhecida como "a rainha das mágicas"*, do Eduardo Garrido com música do Assis Pacheco, feita no meio do êxito de *Quem é bom já nasce feito*, de Assombro e Cardoso de Menezes. Eu pensava que a atividade seria profilática para meu bom amigo. De fato, ele se divertiu muito naquele estertor do ano de 20. Sua única obrigação era surgir por encanto com um facho na mão na cena IX do ato terceiro da peça. Durante as sessões brincava com Ottilia (fazia a princesa Castorina), que gostava dele, e trocava tapas amistosos com o Pedro Dias (era o diabo Sathaniel). A flatuléia pateava e gritava para ele dar o fora. Mas a soberania dramática do ator era tamanha que ele invertia a situação em poucos décimos de segundo. Conquistava por tal recurso o mais cretino gabiru da audiência com lances de prestidigitação.

Mas uma noite, na segunda sessão, o velho ator cruzou as fronteiras da razão ocidental. Castorina e Ventrebiska (Antonia Denegri) travavam uma discussão profunda que nem

---

* Aqui Praxedes omite que *A pera de Satanaz*, mágica em três atos e dezessete quadros, foi representada pela primeira vez no Theatro das Variedades de Lisboa em 29 de dezembro de 1865. Trata-se, portanto, de uma aventura juvenil do autor de *O mártir do calvário*. O texto original não traz autoria musical de Assis Pacheco, fazendo-nos crer que a partitura lhe foi inserida *a posteriori*, e *a fortiori*. Vide GARRIDO, Eduardo. *A pera de Satanaz*. Paris, Rio de Janeiro, H. Garnier, 1899.

pires (traço típico do estilo do Garrido) no átimo em que o diabinho amarelo, vivido por Machado, as atropelou em cena aberta, agachou-se diante de Conchita e disse assim: "Şabe de uma coisa, princesinha? Este buraco aqui tem um sujeito lá drento [sic]!".

Ottilia, macaca veneranda no assunto caco. Ela reagiu com a pergunta mais natural: "Princesinha é a sua cunhada. E quem é o sujeito, demônio familiar asqueroso? Vamos, diga quem é, sim? Eu o ordeno!".

"Bem que meu amigo Arthurzão Azevedo falava", retrucou o Mefistófeles-mirim, erguendo-se. "Aí drento tem um gajo cheios das pretensão. É o ponto Saturnino, olé!"

Tinha que sobrar para mim, já desesperado com o descambar do espetáculo. "O ponto Saturnino, viu, princesinha Castorina, é um sujeito de sorte", emendou o duende, sempre a olhar em minha direção. "Ele vive numa época em que os autores das revista não o chamam à cena para esculhambar, como no tempo do meu primeiro patrão Sousa Bastos. Tem o melhor emprego do mundo. Lê um texto para aqueles que a obrigação é já saber o texto, sabe lá o que é isso, rei (o J. Figueiredo)? Rigorosamente não faz coisíssima nenhuma. Só manda e mandar é bão demais, não é?"

O J. Figueiredo não perdeu a deixa para me dar uma topada e respondeu: "É mesmo, ele leva uma vida melhor do que rei!".

"Principalmente um rei de paus como tu!", desferiu o diabinho, correndo para fugir da fúria malfingida do notório formigão. A perseguição levou uns cinco minutos de palhaçada. Atropelaram a apoteose do baralho e as coplas de Satanás. De súbito o Machado estacou, pegou uma cadeira de palha, sentou-se diante da concha e começou um diálogo filosófico, do qual eu fui obrigado a participar. Falava alto, sem dar as caras no palco.

"Querida macacada do São José, o negrócio [sic] (risadas) é o seguinte: O nosso amigo Saturnino aqui sabe tudo sobre o assunto ponto e eu queria falar com ele pra que vocês comprove o que eu digo. Vocês aceitam?" A patuléia zurrou um não. "Então tá bão demais! Queridro [*sic*] Saturnino Praxedes, eu não sei se você já se deu contra [*sic*], mas ninguém gosta muito de você... porque você teve a infelicidade de escolher o ponto como serviço..."

Tive que intervir porque o mundo pedia: "Olha, diabinho, sou o homem mais feliz do mundo aqui, porque não preciso encarar a cara feia da audiência!". Uma pateada enorme ressoou com desaprovação. Ouvi milhares de "Cai, fora, bobalhão", sem me abalar. "O público é inteligente demais, você sabe disso. Quer que eu caia fora. Isso quer dizer que quer que eu suba ao palco, porque estou dentro de alguma coisa, que é a caixa. Entendeu como os espectadores são ladinos? Se eu tivesse de encarar o público, talvez ficasse vermelho de vergonha porque vocês, atores, só me fazem passar apuros. Como agora, que você enfiou uma bexigada desse tamanho. O pior é que todo mundo concordou."

"Pois é, meu caro, popularidade não é pra qualquer um! Como diz o lundum qüera pra burro, quem quer se fazer não pode, quem é bom já nasce feito, homessa!"

"Não concordo porque acho que todo mundo devia respeitar o ponto e ponto final."

"Isso é definitrivo [*sic*] pra chuchu, não achas?"

"Acho justíssimo. O meu serviço não é mole, não. É preciso ao mesmo tempo vencer a amnésia do elenco e o meu instinto assassino. Porque minha vontade é de estrangular vocês!" Neste momento, minhas mãos apareceram no palco, para agarrar o pescoço do ator. Ele matraqueou a gargalhada.

"Assim não dá pé, ô diretor! O sujeito tá me estrangulando em vida!"

"Submeta-se, repulsivo duende amarelo! Tô tentando dar ordem nesta espelunca! Por que você acha que estou aqui?"

"Porque não está aqui em cima, pra brilhá e sê apraudido [*sic*]. Você é um crítico frustrado, meu bom jovem!"

"Pera lá, não entendi."

Mudou de fala popular para um tom professoral: "Vai entender com o tempo. Não posso explicar agora. Tenho um compromisso às onze com o rei da Bélgica. Só adianto que você é ponto porque não pode ser outra coisa melhor na vida. E todo ponto é um crítico frustrado. Você queria ser o Brício de Abreu, o Sousa Bastos, o Mari Noni, o Jota Efegê, mas não tem estofo intelectual para fazer um picadinho na gazeta do dia seguinte. Teu destino é ficar parado, a esperar os outros agir para você tentar dar as cartas da ação dramática. Você faz uma barragem entre duas imaginações distintas: a do revisteiro e a do ator. Você pensa que garante o texto do revisteiro; quando consegue, interrompe a criação do ator, sem ter conservado nada do texto, já que o ator o segue sem inspiração. É o diabo!".

"É, diabinho, de certo modo tu tá certo. Eu fico aqui, com parte da cara escondida, tentando poer um ovo que ligue essa omelete sem fim que vocês aprontam pra mim. Saio sempre frito."

"Como diz o ditado português da minha avó, até gato escaldado morre na fritura! Porque ninguém te dá a bola, meu pequerrucho. Volta pra casa que é melhor! Né, pessoal?" A flatuléia rugiu um "É!" de meio minuto.

"Quem deve se retirar é aquele que não foi chamado. Eu nem sabia que existia diabo português e ainda por cima amarelo canário." (Risada geral.)

"Calma lá, meu amiguinho, vamos com muita calma. A questão é só uma: o que tem esse buraco onde tu tá de tão bom? Tem corista aí embaixo, hein?"

"Quem dera. Elas já estão dormindo por causa de tuas piadas!"

"Ah, então já tão lá em casa, esperando por um carinho pequeno no frasco, mas grande na proporção!" (Faz um gesto obsceno.) "Comidas, meu santo!" O público estruge em riso.

"Não sei porque esse bate-boca."

"Ora, Saturnino, para a gente encher o tempo da sessão e ver se do coelho sai algum mato! Queria te perguntar se o ponto é mesmo necessário."

"Pode perguntar."

"Não, mas já perguntei!"

"O quê?"

"O ponto vale pra alguma coisa?"

"Ora, isso não é pergunta, homem. Claro que vale, pra que os atores continuem com a fama que têm. Um ponto salva qualquer espetáculo. Neste momento estou salvando você."

"Mentira. A princesinha e o imperador Caramba 27 aqui presentes não me deixam mentir. Você acabou com esta mágica! Não deixou ninguém trabalhar direito, apontou insignificâncias e agora vem cantar de galo na minha horta de papoulas argentinas!"

"É, sim. Veja bem. O espetáculo não terminou e já tem gente indo embora por causa de você. Quero salvar o negócio. Cumpro meu dever."

"Por favor, não faça isso, para o bem do teatro!"

"Diga diferente. Ande para frente e diga bem alto: mas não faz isso porque senão o teatro acaba."

"Certo, seu ponto. Assim..." (Repete a frase e segue as indicações.)

"Isso. Agora olha para frente e vê quanta gente ainda está aí."

"Ninguém. O público já deu o fora, a princesinha e o rei estão se vestindo nos camarins."

"Verdade?"

"Verdade, Praxedes. E o Izidro vem aí para nos passar um pito bem real."

Veio mesmo. Mandou meu pobre amigo para casa e me suspendeu por uma semana. Nosso caco havia ultrapassado o tempo da peça e a gente misturou discussão real com representação. Nem eu nem Careca notamos a quantidade de tomates e ovos que havia sido atirada ao palco. "Sabe que mais, Praxedes? Aquilo não era caco. Eu escrevi e decorei tudo. E tu respondeste na lata, igualzinho ao que eu tinha pensado!" Nos retiramos abraçados e às gargalhadas.

Machado Careca decidiu retornar à Valhala três dias depois em 13 de novembro de 1920. Recebeu um convite irrecusável do corpo de córos do Hades para integrar o elenco das almas penadas. Um genuíno Wotan entre valquírias, Careca iria dirigir o número da parada final no Paraíso. Parada era o desfile dos melhores bustos e pernas no vaudeville, o apocalipse do *"désabiller"*. Gostou do projeto de reger uma parada celeste com as tetas e nádegas que se tornaram vultos da nossa história. Estava encarregado de organizar o espetáculo derradeiro antes do Juízo Final. Morreu aos setenta anos, figurando os passos do corta-jaca, com o coração apertado do desgosto, ainda que confiante no novo projeto. Cantava suas próprias coplas: "Neste mundo de misérias, quem impera/ É quem é mais folgazão/ E quem sabe cortar jaca, nos requebros/ De suprema perfeição". O Rosalvos estava presente à sua casa e o pontou com dedicação. Eu, o culpado. As exéquias, pagas pela Casa dos Artistas, foram um acontecimento social ao contrário no cemitério São Francisco Xavier. Apenas eu compareci, e quase perdi a hora. Todos os matutinos noticiaram no dia seguinte a ruína total do cômico, reduzido a um único espectador no drama derradeiro, ainda por cima um ponto.

Devo concluir que Careca finou-se por causa da influenza. Sem ela, eu não estaria disposto a interromper a ação e meu amigo não teria decidido retornar do mundo dos mortinhos da silva. Hoje ele deve estar jogando buraco com o elenco do antigo São José lá na morada dos deuses; e negaceando todo mundo, sob as barbaças do nosso santo padroeiro.

4.
BELZEBU NO HARÉM DO FILHO DO HOMEM

Uma coisa certa: impossível criar uma réplica de um tempo que não se viveu. Mesmo eu, que o vivi, não me considero capaz de forjar a atmosfera peculiar daquela era. Incompetência minha, talvez, pois minhas lembranças são insuficientes. Ainda assim, considero-me mais vivaz que todos os memorialistas do nosso palco cênico. Tenho sempre a impressão de que narram um episódio na mesma noite que estão perdendo, em outro lugar, um fato mais importante. O Mari salivava com as *danseuses* quando devia estar vendo o Caruso no Municipal. Perdeu o concerto, o infeliz! Trabalhava como jornalista e, por isso, era o homem certo no lugar errado. O meu padrinho de crisma, Mucio da Paixão, não viveu o século XX. Escrevia sobre a cena moderna com o monóculo pregado nos seios da Aimée, que aliás não conheceu. Sujeito estranho, o Mucio. Baseou-se nos outros para forjar um mundo de texto e ficou sem experimentar seu próprio tempo. E assim o Sousa Bastos, o Rêgo Barros e o Olavo. Do Iglesias nem falo; não passou de um bebê que tentou decifrar a Cabala, sem ajuda de professores rabínicos. Esses autores não eram centros dramáticos, e sim modalidades de sogros virtuosos da história. O fato não configura culpa, já que nem mesmo eu estive no fulcro dos aconteceres. Daí que mesmo minhas memórias sofrem do estar longe do cerne. Continuo-as por missão de ofício. Diferentemente de meus colegas de pena de pavão, a minha é de galinha carijó. Não enumero fatos importantes. Apenas me aproximo daquilo que experimentei intensamente, com espírito de pepino carnavalesco que mantive até hoje flameja. Não teve guerra, amores cruciais, casos na justiça; mesmo a Espanhola eu fui viver embriagado... Memórias de um ponto geram impressões de espectador um pouco mais ativo do que o que está no auditório. Mas é um sujeito que trabalha onde os outros se divertem. Parecidos comigo só os críticos e os ginecologistas, como costumava dizer o Caradura.

Passei os tempos depois do sinistro (e são oito anos, se não o século inteiro) como um atarantado observador. Meu nariz se afundava na madeira do palco. Eu não notava mais as pernas das coristas. Estas, aliás, tiraram as meias opacas para trocá-las por transparentes ou mesmo pernas nuas. Eu ficava apático, lendo e descamando o texto, a fim de buscar um defeito no desempenho do *compère* e criar problemas para os contra-regras. Fazia-os pedir aos maquinistas que testassem toda a maquinaria do palco antes de começar o espetáculo. Era um sobe-desce de bâmbolas, cortinas, telas, cenários, gambiarras, lâmpadas. Achavam-me um chato, mas eu queria tudo na maior das perfeições. E também queria que todo mundo sofresse comigo, essa que era a verdade. Quanto tempo perdi na autocomiseração. Não achem que eu padecia e tinha iluminações metafísicas. A maior parte do tempo eu pensava em sacanagem, olhava para o corpo de uma vedeta e a imaginava nua, pensava em satisfazer minhas necessidades animais. Um ser humano, enfim. Minha psique e meu corpo não se diferenciavam de outros. Neste particular os tempos são sempre os mesmos. A diferença fica por conta das aquisições científicas e a flexibilização moral. Se eu começasse hoje, em 2 de fevereiro de 1957, meus desejos seriam idênticos. Daí que me sinto à vontade de contar tudo o que os outros não contaram, até mesmo as escatologias que poderiam não ser citadas, sem prejuízo da trama. Em português claro, a juventude precisa saber que a merda fede sempre igual e os insetos em torno dela, embora vivam a mudar, pertencem a uma idêntica espécie, os símios superiores. A revelação me deu a deixa de não sentir mais as idades, que são uma forma efêmera que abriga a perpétua essência da alma.

Por falar nisso, o triunfo do espírito de Ottilia se fazia completo de noite a noite d.E. Nunca a vi receber uma pateada sequer. Para mim, tratava-se de um mistério gozoso. Em primeiro lugar, a zona teatral era uma Gomorra tropical. A atriz tinha sido amiga e companheira de camarim e quarto de Virgínia, Luiza, Cândida, Leonardo, entre outros. Os atores eram promíscuos. Ottilia comia e bebia todos e todas. Deveria ter sido contaminada e estar morta, ninguém entendia como continuava triunfante e sadia como se tivesse dezessete anos. Tinha vinte e seis, o que não era muito, mas na época uma atriz alegre dessa idade já era carta fora do baralho. Mas continuava a mais bela moça do palco cênico. Hoje Ottilia mora em São Paulo, seguiu carreira na rádio Bandeirantes e mais tarde se transformou em pintora. Não ouvirá falar do que estou revelando. Pois vou trazer a público a confissão que ela me fez em meados de 1920. A gente conversava muito e não guardava rancor ou cismas de desejo de nossa escorregadela passada. Durante os ensaios, eu me perguntava como a atriz havia sobrevivido ao armagedão da influenza.

"Você me olha tanto, Praxedes", comentou numa pausa, de saiote curto sentada diante de mim no palco (eu, naturalmente, no meu posto), com as pernas abertas, exibindo-me as calcinhas brancas de algodão levemente manchadas de urina; viu que notei e fechou o compasso. A mulheres e a mania de que identifiquemos sua essência na aparência externa...

"Querida, não é nada, não. Estou com idéia fixa na Espanhola e não consigo sair dela. Como a gente sobreviveu, hein, minha nêga?" Ela achou graça.

"Primeiro te pergunto eu, ioiô. Como tu te salvaste?"

"Foi acaso. Peguei a gripe pelas ancas, mas consegui me recuperar. Tive delírios de febre na noite mais infernal da epidemia. Até hoje acho que a maleita não quis me levar por mero capricho! Ela tirou a roupa pra mim e requebrou os movimentos da dança pírrica que costumava queimar gazes no Alcazar Lyrique. Fumamos ópio. Dormi com ela abraçado, juro por

Deus. Pedi para ela me levar, mas não quis. A influenza é uma mulher boêmia que não conhece leis."

"Se você não a ama, ela te ama, e se ela te ama, toma cuidado... Isto é *Carmen* do Bizet, Praxedes. Conta outra".

"Mas é igual a Carmen. Uma vagabunda. Só que em vez de espanhola é húngara. E dizem que ela contaminou todos. Tu, por exemplo, deverias estar contaminada. Como não ficaste?"

"Fiz um pacto", respondeu cochichante.

"Com o diabo?"

"Não. Com a mulher mais santa deste mundo. Essa mulher me salvou. Fiquei só um dia gripada."

Ottilia não tinha vontade de entrar em detalhes, mas finquei pé até que ela confessasse. Preparem-se, historiógrafos, para uma melancia que irá alterar toda a concepção da vida teatral deste século. Contou-a assim:

"Como tu sabes, sou órfã. Nasci e fui criada num convento de carmelitas. Minha mãe praticamente foi madre Antonia Candida. Devo a ela toda minha formação literária, o domínio do francês e todo o meu arcabouço moral, se é que posso chamá-lo assim. Saí do convento em 1910 para trabalhar numa fábrica de tecidos. Depois a vida deu para ficar cada vez mais difícil e entrei para o corpo de córos do Carlos Gomes. Em 1913 um diplomata viu minhas pernas no teatro, se apaixonou por mim e me levou a Portugal. Lá vivi de sombra e água fresca. Ao contrário do que o Mario Nunes andou sugerindo em seus picadinhos, nunca trabalhei como pataqueira nos fados lisboetas. Eu e ele (chamava-se Deodato Tupinambá, era segundo secretário do adido cultural em Lisboa) aproveitamos o ano em viagens freqüentes. Fomos para Bayreuth especialmente para conhecer o túmulo de Russ, o venerável cão de guarda do Wagner. Eu e Deodato amávamos uma cachorrada e os cinófilos têm carreira paralela aos wagneritas e também realizam sua peregrinação pelo menos uma vez na vida à lápide cinzenta e gótica de Russ, encravada na Alta Francônia. O animal dizem que morreu de desgosto pela morte do dono; mas há críticos que garantem que ele padeceu com o processo composicional de *Parsifal*. Wagner, péssimo pianista, martelou tanto na orelha do pobre animal que ele teria estrebuchado antes de o dono concluir a partitura*. 1913 era um ano sabático em Bayreuth e não houve representação de óperas de Wagner, uma pena. Pelo menos conheci a imensa caixa do teatro, com um buraco de ponto maior que o apartamento da Maria Lino. Travamos contato com a viúva do compositor, dona Cosima, senhora comprida, branca e seca, estava preocupada com a liberação do *Parsifal*, que naquele 1913 podia começar a ser executado fora de Bayreuth, embora o desejo do compositor fosse exibir a ópera só lá, em cerimonial cristão. Ela falava maravilhosamente francês; aliás havia nascido na França. Disse-me que Wagner, antes de baixar ao ouro do Reno, havia lançado uma grande praga sobre o mundo caso *Parsifal* fosse liberado. 'Se forem arrancados ao templo, os acordes longuíssimos de *Parsifal* propagarão uma peste que destruirá boa parte da humanidade. Quem quiser escapar deverá timbrar um pacto com o diabo do bem', teria bradado esotericamente o Wagner,

* Para devendar essa misteriosa fala de Ottilia Amorim, realizamos uma larga investigação junto ao Richard-Wagner Archiv, pertencente à Fundação Richard Wagner de Bayreuth, graças a uma bolsa-sanduíche-duplo com fritas concedida em 1974 pelo governo brasileiro. Ao longo de um ano, seguimos vasculhando cartas, testemunhos e até partituras que se referissem ao episódio do cãozinho Russ. Nosso esforço resultou, no entanto, debalde. Nos textos inéditos do compositor, há mais citações a Russ que ao compositor Meyerbeer, mas nenhuma referência ao episódio do seu infortúnio. E embora a viúva do compositor, Cosima Wagner, se estenda na descrição do animal, não existe nada que demonstre ter ele sido afetado por um mal súbito decorrente da notória ausência de aptidão pianística de Wagner. Queremos crer que Ottilia tenha dado ouvidos a falsos testemunhos de época. Seja como for, a pesquisa se revelou frutífera sob outro aspecto: conseguimos provar que a viagem da atriz e do diplomata foi legítima, de acordo com os registros dos nomes do casal no livro de visitas da Pension Kundry de Bayreuth. (J.M.Z-Z.B!)

sentado na poltrona marquesa listrada de branco e vermelho em que morreu no *palazzo* Vendramin em Veneza. Aí que é o nó da coisa, Praxedes!! O *Parsifal* recebeu alforria, todos os teatros montaram e a peste veio. Era a influência. Antes disso, voltei para o Brasil, separei-me do Deodato (ele precisou voltar à *cellula mater* do lar, unindo-se novamente à esposa após os meses de idílio) e me empreguei no Chantecler, mentindo que havia tido uma carreira exitosa em Lisboa. No instante em que Luiza Lopes tombou na minha frente, sabia exatamente o que estava acontecendo. Precisava de um pacto com o diabo do bem. Não me ocorreu outro belzebu do bem do que minha mãezinha do coração, Antonia Candida. Ela entendeu o problema na hora e me fez a seguinte proposta: 'Querida filhinha, em troca da glória e do triunfo sobre a Espanhola o que você tem que fazer é jurar converter-se em freira lá no Céu'. Eu jurei de pé junto, mas madre Antonia Candida advertiu que não se tratava de uma simples freira. 'Irás servir-nos a todas na companhia de Jesus. Como você sabe, nós, as carmelitas, somos noivas d'Ele e a Ele vamos nos unir no Paraíso. Cristo é o deus dos mortos*. Você, querida Ottilia, precisa aproveitar bastante a vida aqui na terra porque a glória terá um preço alto no Céu. Você será nossa serviçal, uma espécie de mucama angelical. Você conhece a história. Quando batem as botas, as carmelitas recebem uma bolsa de estudos vitalícia (ou, melhor falando, mortalícia) para

---

* O fundamento epistemológico de Antonia Candida remete-nos à resposta irritada do Cristo aos saduceus a respeito da ressureição dos mortos. Ali, o Nazareno dá a entender que exerce as funções de Deus dos mortos, ao passo que o Pai se encarrega dos vivos: "Não é por isso que errais, desconhecendo tanto as Escrituras como o poder de Deus? Pois quando ressuscitarem dos mortos, *nem eles se casam, nem elas se dão em casamento, mas são como os anjos nos céus.* Quanto aos mortos que hão de ressurgir, não lestes no livro de Moisés, no trecho sobre a sarça, como Deus lhe disse: 'Eu sou o Deus de Abraão, o Deus de Isaac e o Deus de Jacó? Ora, ele não é Deus de mortos, mas sim de vivos. Errais muito!'" (o grifo não é de Deus Filho, mas nosso, apud Marcos, 12; Ex. 3,6). (J.M.Z-Z.B!)

realização de estudos e pesquisas no harém de Jesus Cristo. Naquele *locus sacrus*, andamos com o corpo e a alma nuas e sempre queremos alguma coisa, a dar vazão a todos os desejos recalcados aqui no vale de lágrimas. Queremos banho de sais minerais e espuma, queremos que um eunuco dance os sete véus, queremos doces e agrados, bebidas e tudo o que compraz nossa beatitude. O eunuco é o profeta Elias, antecessor *castrato* do Cristo, criaturinha adorável e prestimosa. Jesus sempre chama, viu, Ottilia. Precisamos acorrer para nos unirmos a Ele. O Cristo difere dos outros déspotas orientais. Em vez de chamar uma alma por uma, a exemplo dos califas e sultões, o Santo Filho convoca três e até quatro a fim de realizar uma união do bem com o melhor ainda em Deus Pai Todo-Poderoso. Ele penetra nossa alma e alcançamos assim o êxtase completo da fé, amém. Daí dormimos. As suas tarefas do dia, Ottilia, são as que nos ocorrerem na hora. Podemos acordar de repente e pedir um drinque ou salgadinhos. Você ficará de fora da união completa em Cristo. Ele nunca a chamará, mas se chamar, você deve desobedecê-lo. É um truque para testar a sua persistência no pacto. Para você, por conseguinte, o Paraíso terá qualquer coisa de Purgatório, mas acho que vale a pena. Você assistirá a espetáculos celestiais, isso eu garanto. De acordo, querida?' Aquilo me deixou pasma, Praxedes. Nunca pensei que Cristo pudesse ser da fuzarca daquele jeito. Mas não custava tentar, eu ia morrer mesmo, era melhor que fosse depois."

"Foi assim que veio a glória?"

"Assinzinho venci a Espanhola. Te juro, meu amigo. Em um dia eu peguei e despeguei a peste. Por isso aproveito o que posso por aqui porque me aguardam dias de trabalheira no serralho das carmelitas. Madre Antonia Candida já partiu e disse me aguardar com uma verdadeira bíblia de tarefas."

Continuamos o ensaio, debulhando-nos em sonoras casquinadas. A brejeirice dela era irresistível. A vida da querida vedeta tem sido longa. Por obra dos feitiços de madre Antonia

Candida, até mesmo o escritor Mario de Andrade referiu-se em 1931 à voz de Ottilia como paradigma brasileiro da interpretação. Ela continua em atividade e em plena glória, pois nunca a perdeu e permanece nos corações dos gabirus hodiernos. Não estava no contrato, mas Ottilia também não tem envelhecido. Continua com dezessete anos, mesmo agora, aos sessenta e três. Nunca saiu de moda. Esperemos que a grande artista ainda leve muito tempo até chegar o dia de cumprir o pacto. Para mim tudo soa rocambolesco. No lugar dela, jamais aceitaria condições tão desvantajosas. Mas talvez ela pretendesse, na hora agá, driblar as monjas e arrebatar o dono do harém.

Seja como for, as confissões secretas da vedeta abrem um campo imenso de pesquisas. Parece haver uma relação direta da influência de Wagner sobre a cultura brasileira com o suposto estigma que ele jogou aos usurários de *Parsifal*. Outro aspecto importante a ressaltar reside na comprovação de que o estigma realmente engendrou a Espanhola. Conforme já apontei anteriormente, a causa teria sido muito outra. Mas são questões a ser decifradas pelos cientistas, e não por este simples garatuja da cultura teatral.

5.
CONTRIBUIÇÃO PARA UMA FENOMENOLOGIA DA PATEADA

Muito se escreveu sobre a pateada, mas eu gostaria de introduzir minha colher na fenomenologia desse hábito tão arraigado nas paróquias austrais*. Nossa sociedade se acostumou a patear com uma volúpia sem antecedentes. Tratava-se de derrubar uma reputação com patrocínio da euforia. No Brasil, mata-se a gargalhadas, ao compasso da última marchinha buliçosa de Carnaval. Quem morre o faz sem apelação por parte da sua descendência. No cadinho do teatro não é diferente. Se até as carreiras exitosas não têm direito à memória, imaginem as fracassadas. Não há futuro nem redenção para quem é pateado mais que duas vezes. Ou melhor, não havia. Hoje a desmoralização é currículo para muita gente. Vejam-se os nudistas atuais, por exemplo. Comandados pela falsa vedeta e criadora de serpentes Luz del Fuego, eles transportaram uma apoteose de music-hall do Walter Pinto para a ilha do Sol na baía de Guanabara (ultimamente tenho me ocupado deste assunto como curioso; os nudistas inflacionam o mercado do nu artístico e da escultura humorística; são proeminências do insulto; a eles se deve o declínio da em si péssima revista contemporânea).

* O que segue consiste em releitura da hermenêutica da pateada, urdida pelo sábio José Agostinho de Macedo (1761-1831), que, apesar de lusitana, deflagrou a primeira manifestação da pulsão de nacionalidade em nosso território litorâneo, uma vez que o tomo gozou de alta reputação junto à intelectualidade do período colonial. Praxedes amontoa algumas pedras de toque sobre a monumental construção macedina ao acrescentar aspectos trans-epocais que o exemplar pensador não poderia alcançar por força da idade provecta. Vide: MACEDO, José Agostinho de. *As patheadas de teatro investigadas na sua origem e causas*. Rio de Janeiro, Imprensa Régia, 1812. (J.M.Z-Z.B!)

Ensaio de Ponto

A pateada deve ser definida como uma manifestação espontânea provocada de desagrado da audiência em relação a um desempenho de ator ou a um espetáculo como um todo. O desagrado se materializa como um juízo final *a priori*, no golpear das duas pernas fortemente sobre o chão de madeira de um teatro. Basta um indivíduo no público para acender a faísca, e a pateada se propagará fogo no álcool, avalanche ensurdecedora, desmesurada.

Na época dizíamos "patheada", com "th", grafia que transformava o "e" que seguia numa vogal forte. A queda do "h" provocou o enfraquecimento do acento e passamos a chamar "patiada", horrível degradação do vocábulo tão amado por notórios sábios do idioma culto. Com o fim dos pontos veio a nova ortografia e tudo o mais que já foi relatado aqui. Até "theatro" perdeu o agá.

Verdade é que a "patheada" já foi objeto das preocupações mais estrambóticas do crítico português José Agostinho de Macedo, homem de meias-luzes em plena voga do Iluminismo a céu aberto. Como todo membro daqueles tempos de máquina a vapor emperrada, Macedo pretendeu elaborar um tratado elementar da pateada, investigando as origens e causas do fenômeno em pauta. "Perdi huma longa parte da minha melhor idade no estudo das regras d'arte dramática, para as ver desconformemente atropeladas nas Peças de nova invenção, com que tem reduzido a humana paciencia ao impalpável e imperceptível", disse Macedo, e repriso o dito aqui, a engolir em soluços vãos cada uma das verdades expressas no texto.

Escorado nos edifícios mentais do Vico e do Descartes, Macedão, como o chamamos carinhosamente na APP (para diferenciá-lo do Macedinho, ponto primordial dos anos 1870), ele foi ao âmago do assunto. Definiu a pateada de forma muito ampla. É para ele o movimento de pés, bordões, cacheiras, táboas, assobios, feito pela platéia, do que resulta "huma assoada, açogaria, matinada e ingrezia confusa dada nas bochechas aos cómicos, para lhes dizer com toda a civilidade que o que está representado he uma completa parvoíce, huma manifesta pouca vergonha, ou hum solene destempero".

Assim, o "processo patheal", como chama, se manifesta em seis categorias. As pateadas podem ser divididas em simples, mista, redonda, picada, comprada e real. A simples se abre diante da atriz pataqueira como um cálice de flor ao orvalho do meio-dia. "Bum... um... um..." Impõe-se lenta, enquanto a atriz tem um olho na frisura, outro no banco e o terceiro no ponto. Petrifica a coitada no meio de um gesto. A mista já é antecipada nos ensaios, quando os cômicos tentam sufocar a gagueira e "o ponto que circunspectamente os observa, diz, com aquella roliça penetração que a experiencia lhe tem dado: 'Vai a terra!'". O público se divide, pateando e aplaudindo ao mesmo tempo. Glorifica, e assassina. A seca termina o assunto no nascedouro, refuta como um corte cirúrgico na alma do galinhão pretensioso logo antes de pensar em enfiar a piada infeliz. A redonda vibra uníssona e mil diabos tombam barulhentos ao solo teatral. A comprada resulta dos partidos teatrais; uma galã compra a claque, que lança a injúria em cena livre, e o soco é conseqüência lógica na refrega entre *prime done*. A real é a pior porque não implica contemplação. É furiosa e triunfal, "levanta-se sobre as asas de hum heroismo sublime, apenas revira os olhos para o espectáculo". Na proximidade de uma real, os cartazes pelas esquinas caem, sem ninguém mexer neles, "como envergonhados de terem anunciado a Peça". A zona teatral treme inteira, e os prédios tombam feito dominós espirituais. O ator não resiste, e vai para a casa roer a própria mão que lhe resta como consolo. "Noites antes", segue Macedo, "os mesmos Entes brutos, e insensíveis do Theatro, dão funestos pressagios do proximo terremoto. O cão do ponto vira desconformemente, não há agua-raz que bote a fazer pegar, e accenderem-se as velas de sebo; dá huma luz sepulcral de moribundo". Todos nós temos momentos de cavalgadura. Que despropósito mais ouriçado nos chamar de "cães". Por ora vamos perdoar a incompreensão de Macedo, sabe-se lá por que frustração juvenil o tenha regido, e chegar ao fim do caso. O ensaísta termina por dizer: "De sorte que em nossos theatros anda o Mundo às avessas, e os chouriços atrás dos cães: em lugar dos cómicos estudarem para representar bem o que os autores fazem, os autores he que devem escrever o que cada hum dos cómicos, e cada huma das cómicas quer fazer, ou he capaz de fazer".

Aí está o xis somado à hipotenusa ao quadrado da questão, ora diabos de ouro do Garrido! Os autores se sobrepuseram como autoridades aos atores e ditam frases justamente àqueles que deveriam dar o exemplo à humanidade. "Pathedas com eles, e mais Patheada!", conclama Macedo, no que concordo em grau maior do que sua opinião perversa a respeito da gente. Mas deixa disso. Importa o que ele escreveu no estudo denso sobre o fenômeno mais espontâneo que esta galáxia já testemunhou.

Por falar nisso, devem estar repercutindo até agora em corpos astrais distantes algumas pateadas célebres, como a contra Machado Careca, a contra Pepa ou J. Figueiredo. O que mais me toca no assunto é o golpe dos pés e os harmônicos naturais provocados pela pateada simples na hora em que se dá. As madeiras do São José tremelicavam, as beges, as marrons, as negras. O fosso da orquestra se abaulava mais que a orquestra do José Nunes. Os camarotes, com as cadeiras especiais, a cortina vermelha, o gongo que vinha do lustre hexagonal. Não havia quem resistisse a ela. Carreiras eram afundadas no esquecimento, o vilão se tornava objeto de caçoadas, o galã caía de quatro de pernas e braços para o ar feito um cão que se esfrega na grama, a ingênua perdia a inocência naquela exata hora. Porque o gesto era de alegria, a satisfação de detectar a falha. Era um sentimento mais pleno do que o do elogio de um desempenho. O elogio se manifestava indeterminado pela idéia vaga de perfeição, ao passo que a pateada se apresentava magnânima, condecorada pelo exército do bom gosto, sem possibilidade de refutação — algoritmo da libido crítica, como diria o meu recém-falecido médico, o doutor Gastão Cruls. A pateada era deliciosamente perversa porque provocava na audiência a volúpia da demolição. O aplauso dependia do gosto. A pateada consistia em uma proposição lógica completa em si mesma.

Era a grande inimiga dos pontos, ou, pelo menos, parecia ser. Lutávamos contra ela, evitávamos sua sanha assassina pelo controle total. Cito pateadas estrondosas, redondas como se cada um dos espectadores fosse um quadrúpede em desabalada fuga do matadouro. Sinto agora mesmo a real que deram no J. Figueiredo quando ele fazia o galã. Atuou tão barbaramente mal que a patuléia o saudou com um estouro de boiada. O chão de madeira tremeu como se fosse um entusiasmo positivo e inquestionável. Depois daquela consagração às avessas, só restou ao J. Figueiredo pegar o primeiro transatlântico no cais Pharoux. O público lhe deu um pontapé de volta a Lisboa.

Mas poucos atores foram alvos definitivos da deletéria atitude da audiência como Pedro Dias, esse *compère* e dançarino acrobático que encantou o Brasil e o mundo com as melhores pilhérias já urdidas pelo espírito humanóide. Foi o primeiro Peri do cinematógrafo em *O Guarani*, filmado em 1910 pela companhia do Segreto. Abrilhantou as temporadas de *Pé de anjo* e *Gato, baeta & carapicu* com seus números cauboianos, charletônicos e fox-trotenses. Hoje quem se lembra do eminente cômico? Acho que somente eu. Nas conversas que ouço de antigos colegas, evitam citá-lo, virou tabu. Talvez porque a pateada o tenha assassinado a queima-roupa naquela apresentação final da revista *Borboleta*, em 1923. A peça era uma balbúrdia de charlestons e jazz-bands e outras maluquices anos 20. Um ritmo de queda livre e todo o elenco tinha que correr, as coristas (agora se chamavam *girls*) de cartola, bengalinha e cabelo *à la garçonne* — excrescência masculinizante que a Margarida Max havia lançado no Carlos Gomes — e a orquestra tinham que subir e descer, desfilar, fazer micagens com o trombone, o saxofone e o banjo que meu amigo e predecessor Pixinguinha mal tinha importado de Paris um ano antes. O som tinha que ser metálico, os vestidinhos curtos, as coxas de fora, delírios do samba cocainômano, modernismos e buzinas por toda a parte. Aderimos porque não haveria outra saída. Mas pertencíamos a outra época. Aquilo não era pra nós. Os atores tinham que saltitar de um lado para o outro e saber jazz, cantar versões de música americana e conhecer a última tirada do Sinhô, o Rei do Samba. Sinhô era um bom companheiro de boêmia. Caboclo, alto, desdentado, pobre, morador da ilha do Governador, ele apareceu nas festas da Penha, batendo o rival Caninha. Em 1920, ele era o *clou* para qualquer revista. Os títulos de suas músicas forneciam os dos espetáculos. Era chamado à cena para a ovação pública. Não havia quase mais texto. Mesmo a dupla de sucesso, Cardoso e Assombro, capitulava aos novos tempos e encurtavam o texto em nome da *féerie*, do espetáculo rebolativo, das pernas nuas dominantes e subdominantes. O Sinhô fez questão que Pedro dançasse o fox-trot e mostrasse novos modismos como se ele pudesse encenar o almofadinha. Já estava velho para o papel, e aceitou. Foi a conta. Eu tentei evitar o desastre de lá do buraco. Mas o Pedro corria e corria, esbaforido, para dar conta do papel. Tinha que fazer um jovem cocainômano que se traveste durante o Carnaval e era perseguido por um coronel gordo. Suou, cantou, falou das novas modas e a Manoela Mateus o beijou para terminar. "Pedro, calma, não adianta querer fazer um jovem desse jeito. Te controla, homem!", eu gritava. E ele dava ouvidos a alguém? Terminou por escorregar numa casca de banana, estatelando-se estrondosamente contra os cenários, que desabaram. "Eu não disse?", era a minha frase na ponta da língua sempre. A casa estava cheia à cunha. Primeiro um sujeito das torrinhas gritou "Cai fora". Outro e outro e mais outro. A flatuléia presenteou-o com um terremoto de pateadas mistas que o deixou paralisado. Pedro Dias caiu ali mesmo, com um infarto no miocárdio fulminante. A audiência desmoronou na lenta gargalhada. Não há nada de mais cômico do que um palhaço que morre subitamente em convulsões diante do público. Teve de ser removido do palco pelos contra-regras. Subi ao palco e gritei a plenos pulmões: "Vocês mataram o Pedro Dias, queridos espectadores! Vocês mataram o teatro!". Nova e maior gargalhada. Achavam que era uma pilhéria! Quando, aos prantos, me aproximei das coxias, vi que riam de mim, e Pedro Dias mais do que qualquer outro. Estava vivo, de pé em pulos, o sacripanta.

"Só você acreditou, Praxedes!", gritou. Cascata luminosa de gargalhadas. De qualquer forma, aquela pateada pegou mal ao grande cômico, que, se não morreu em carne, estrebuchou em reputação naquela noite precisa. Fui sua última "escada" para uma piada que perdurou semanas. E o Cristo não foi J. Figueiredo, mas o Praxedes, o otário, o ponto que se enganou. A soberania da pateada, porém, rendeu a Pedro frutos amargos.

Por muito tempo o poder destruidor e a plenitude da alegria da pateada constituiu um mistério para mim. Eu tentava decompor o mecanismo, sem saber como lhe isolar o motor primordial. Comparava-a à modalidade européia, cujo significado era inverso. Na Alemanha, segundo me contou Ottilia, a pateada manifestava o delírio da aprovação. Talvez ela fosse também um aplauso no início da nossa formação, ainda em Portugal. O público português, lanço a suspeita não corroborada por Macedão, com seu espírito de contradição frente ao restante do continente, decidiu inverter os sinais e patear o que era ruim. Com o tempo, o fluminense incorporou os procedimentos lusitanos e tratou de dar uma corzinha nacional, mais sincopada, à batida no chão. No início da civilização brasileira, na Idade do Bronze de Augusta Candiani versus Clara Delmastro, as italianas que vinham cantar no Teatro Imperial de São Pedro se assustavam com a reação da platéia. Achavam que agradavam demais. Sorriam, se curvavam, mandavam beijos. Só ao voltarem a seus camarins lhe avisavam que tinham sido demolidas em cena por uma pateada picada. Ao se instalar na rua da Vala em 1857, o Alcazar já tinha sido avisado do problema. O empresário do teatro, papá Arnaud, orientou o ponto para que tentasse neutralizar a pateada roubada com a pernada do cancã tão logo aquela se manifestasse. Não conseguiu. Segundo me contaram os pontos mais velhos, a pateada novecentista era mais homogênea e retumbante por causa do uso de saltos e botinas e do gosto mais ou menos linear do público. Quando cheguei ao buraco, ela já tinha a sonoridade domada pela moda *art-nouveau*. Senhoras com vestidos rodados e armados e saltos reforçados do Oitocentos pateavam e tilintavam as estruturas metálicas como vacas no cio. A queda do espartilho diminuiu sensivelmente o barulho do desagrado.

Portanto, a pateada em seus diversos gêneros e graus tinha lançado sementes tão fortes entre nós que parecia impossível um dia desaparecer. Quatro gerações de pontos não conseguiram contê-la. Era como impedir que Marte aparecesse no céu. Um belo dia, sem que ninguém da caixa se desse conta, o planeta encarnado não quis surgir. Os pontos se sentiram sem mãe nem função.

6.
NATUREZA MORTA COM
CRÂNIO DE CHICO VIOLA

Não alimento uma teoria conspiratória da gripe. No início eu não sabia de nada, situação que não retratei naturalisticamente aqui porque, tratando-se de lembranças, elas já estavam retroativamente influenciadas pelo acontecimento ulterior. Tudo o que escrevi ficou marcado pela ansiedade e a antecipação do desfecho, elemento péssimo para um narrador que pretenda ser lido. Sou infiel a mim mesmo por converter toda a euforia que sentia a.E. em alguma coisa que fosse necessariamente dar em E. Mesmo naquele começo de anos 20 eu não sabia de nada nem supunha que a maleita fosse autora do destino da cultura e dos hábitos a partir de então. A coisa ocorreu lenta, isto que eu quero dizer, vagarosa como infiltração numa parede, misturada a outras impurezas naturais, como política, economia e movimentos da sociedade. De repente, estávamos todos banhados pelas águas verminosas da doença, sem o saber.

Em 22 de fevereiro de 1920 Paschoal Segreto morreu de diabete sem avisar ninguém. Causa, misteriosa. Tinha cinqüenta e dois anos. Ali se deu a iluminação historiográfica de S. Praxedes. Durante o enterro concorrido do meu bom patrão (a humanidade inteira do Brasil estava lá), percebi uma forma humana no alto do morro do cemitério São João Batista. Estava distraída, com uma taça de champanhe e vestida como uma fidalga do final do século passado, com vestido armado e bordô. Ao me ver, escondeu-se atrás de uma carneira. Tenho certeza de que era ela. Theoda devotava-se em derrubar o meu mundo completo. A demolição ela fazia como tortura chinesa, pingando a água da destruição passo a passo, sistematicamente. Nada melhor do que me manter consciente, a observar tudo com impotência máxima.

O sobrinho de Paschoal, José, tentou manter a linha do fundador da companhia. Porém as coisas se alteravam em torno de nós. No intuito de renovar o teatro, o José mandou subir umas mil partituras e partes musicais das revistas do passado para sua casa de campo em Teresópolis. Lembro do maestro José Nunes assinando o protocolo de despacho do caminhão e retirando, uma a uma, as partes que ficavam num escaninho, enroladas em canudo preso com fita vermelha. Na estrada, o caminhão tombou e se incendiou. Ardeu com ele toda a música do São José até 1920. O elenco chorou a portas abertas, para que a imprensa notasse. Mas nada saiu nas sessões de vida teatral do dia seguinte. O Bento Mossurunga quis se matar na nossa frente com um punhal siamês, pois toda a sua obra tinha ido pro beleléu. Eram mais de cinco mil composições.

O São José se isolou cada vez mais como único bastião da arte nacional, embora sem memória nenhuma das partes musicais. Sinto muito, mas devo insistir na verdade de que as fronteiras foram rompidas pela influenza, cujo vírus vinha do Oriente próximo e se espalhava sem apresentar credenciais ou passaporte. A epidemia propriamente dita passou. Mas se manteve na espécie de uma endemia mental, por assim dizer, que resistiu a acontecimentos sociais e políticos. Estou seguro de que ela não passou e não passará. Instalou-se como norma de comportamento. A década maluca só inaugurou um tipo de humanidade que até hoje vige. Eu caí fora desse negócio porque os indivíduos passaram a contar com o prazer imediato, o dinheiro, os paraísos de grande velocidade, materialismo, quebra das leis e dos protocolos. O ocaso do ponto formava o corolário silogístico do processo.

Eu não era contra o progresso e não posso ser chamado de conservador. Quando o Luiz Peixoto introduziu o futurismo na cenografia do São José, depois de um estágio com os vanguardistas em Paris, considerei um avanço. O futurismo nos deu condições de criar a apoteose dos abajures, com suas cores absurdas e iluminação que retirava a figura da composição original, quebrando-a em dezenas de partes. Empreendemos no gênero alegre as inovações necessárias, que deram tantas alegrias ao público e encheram os bolsos dos empresários. Por isso o sangue me sobe à cabeça quando ouço alguns foragidos da Segunda Guerra que aportaram no Brasil, fizeram teatro aqui sem considerar que havia uma tradição e hoje se declaram fundadores da iluminação, da cenografia, do figurino, da direção cênica e até do texto escrito! Mentira deslavada! Éramos nós, pontos e equipe, os responsáveis por isso uma centena de anos antes de aparecer o sr. Ziembinski, Alvaro Moreyra e o sr. Paschoal Carlos Magno e o outros arrivistas culturais entojados pela cobiça. Estou aqui, aposentado e de chinelas, mas não desisto de teimar na verdade. Ela um dia vai nos vingar. Aliás, nos vingou já, em episódio que conto daqui a pouco. Fazíamos futurismo real, com dosagem exata de quadros de *nonsense*, cenas de cortina e de enredo, cada efeito de ação. O atrevimento era coisa do tempo, ora bolas. Não fazíamos favor nenhum.

Acontece que a frustração e a falta de reconhecimento me tiravam do prumo já sob a gestão de José e Domingos Segreto. É difícil transmitir para vocês o que se deu. Mas os diretores começavam a achar que era obrigação dos atores decorar todo o texto e dos contra-regras e maquinistas dar conta do andamento do espetáculo. Ao ponto começou a caber um suposto cargo ornamental. O José Segreto já vinha com essas modernidades para cima de mim e do Izidro. Nós o tratávamos com informalidade, pois o conhecíamos do período em que era apenas o filho do dono. Isso lhe devia dar ganas de nos despedir.

"Zé, pelo amor de Nossa Senhora da Penha. Eu não sou o rei da Inglaterra. Você sabe que os atores não conseguem decorar os textos. Três sessões por dia, ensaios apressados e mais de cem espetáculos por ano. Isto aqui é uma fábrica. Quem agüenta ficar sem guia? Sou o gerente da linha de produção, meu caro."

O José ficava uma arara: "Estou cansado de repetir que o elenco tem obrigações e não só prazeres, puta que o pariu! Não estou tirando o seu valor, Praxedes. É uma questão de ordem. Se precisar, reduzimos o número de peças, cortamos os diálogos que ninguém mais agüenta de tão longos e literários".

"Mesmo neste caso o ponto organiza tudo, dá o molho final da cena. Vem comigo pro buraco que eu te mostro."

"E eu tenho tempo pra buraco, sô? Vê se te arranja, tá bem?"

Saiu batendo a porta, com a truculência que lhe era normal. Mas eu não dava bola. Continuava meu trabalho. Segreto tinha amores pelo teatro musicado. Gostava era da música inserida nas peças. Em julho de 1914 trouxe o cantor Vicente Celestino para se exibir no palco. Aquilo ia desengonçando a harmonia das peças. Os *compères* ficavam esperando o número, um rosário de números. O público, na sua natural ingenuidade e vontade de se divertir com o que vê na frente, como criança, ia pedindo mais.

A coisa tomou porte quando um sujeito que fazia o segundo palhaço em algumas revistas deu para cantar também no palco, por ordem do José. Chamava-se Francisco Alves, mais tarde conhecido como rei da voz, e substituiu o Celestino, que foi para o São Pedro. Aqui outro detalhe histórico que talvez escape aos mais desatentos. Ainda nos tempos em que fazia apenas o palhaço, e era um palhaço melancólico e alto, trazia consigo o violão, pois um pouco antes das sessões do São José ele costumava se apresentar como capadócio no circo Spinelli. O XX o apelidou de Chico Viola, e o chamávamos assim. Parecia um rico, não fosse o palavreado vulgar e a mania de lançar perdigotos na cara do interlocutor. Artisticamente ele era bem inferior ao Caradura, um tenor de voz batatuda. Jamais imaginávamos que se tornaria o cantor mais famoso da história do Brasil. Os sabichões da musicologia caem na conversa das duas autobiografias do Chico, que ele escreveu com a ajuda de jornalistas — aliás, o pior negócio do mundo. Ele conta que inventou o nome Chico Viola para enganar a gravadora Victor e ele poder cantar em outro selo, se não me engano Parlophone, sem quebrar o contrato de exclusividade. A verdade é meia. Ele não inventou o codinome. Comete uma injustiça ao não citar XX como fonte. Mas a humanidade tem defeitos congênitos de fabricação. O fato é que a emersão de Chico Viola no palco prolongou a música ao infinito e quase decretou a abolição das revistas. Com ele o espetáculo virava uma cantoria sem tamanho, um negócio que me deixava de pernas para o ar, sem saber o que fazer. Como qualquer rapaz da época, Chico se apaixonou por Ottilia. Em sua última autobiografia, conta que a conheceu quando pisou no São José. Descreve-a como "uma mulher de grande beleza". Ponto final, sem entrar nos detalhes da corte que ele empreendeu junto à estrela. O vexame se dava no palco mesmo. Vocês não sabem como ela atuava. Era uma coisa mágica. Parecia levitar e controlar as reações do público com o movimento das pupilas. Tinha beleza e humor, fato raro entre as mulheres, onde essas características se excluem, como se a bela não tivesse que rir e a feia não precisasse rir de si própria. Ottilia tinha o carisma da beleza pura que faz rir, a típica *funny face* da Broadway. Cantava como um anjo caridoso e sincopado. Não tinha a voz forte das colegas, que viam necessidade em berrar para serem ouvidas nas torrinhas. Ottilia escandia as sílabas com carícias e meneios. Interpretava as letras com graça, falando a melodia. O meu colega grão-fino Fernando, *crooner* do Jazz Band Sul-Americano do maestro Romeu Silva, teve de onde tirar seu modo de cantar sussurrante nas bolachas que começou a gravar em 1924, para delírio das mocinhas e mocinhos sedentos de ritmos alucinantes. Fernando era um daqueles jovens gabirus chamados então de almofadinhas; bonitinho, olhar expressivo, cabelos castanhos claros bastos com costeletas à d. Pedro, estatura mediana, lábios grossos. Freqüentou o teatro sempre de camarote e chamava a vedeta ao final para um champanha.

Dizia-se o profeta Elias do charleston carnavalesco; jurava que havia conhecido a dança cinco anos antes de ela ter sido lançada, em Nova Orleans. Registrou até mesmo "Zizinha", êxito na voz de Ottilia. Depois não venham me dizer que o outro grão-fino, Mario Reis, aliás primo de Fernando, nasceu por geração espontânea de originalidade. A bela Ottilia dançava e cantava maravilhosamente. Chico Alves tentou atacá-la no palco, beijando-a na boca com um abraço de urso. Além de sovina, Chico tinha instintos baixíssimos, um fauno apressadinho em se meter onde não era chamado. Não tinha completado vinte anos e já era perseguido pelas *girls*. Vivia com um casaco que parecia revelar uma cauda na parte de trás, suas orelhas eram pontudas e... bem, para ser mais discreto, direi que era um fauno como a gente vê nas cerâmicas gregas. A atriz disfarçou com sua graça brasileira natural. Eu avisei pelo buraco que ia descontar do ordenado do Chico, mas ele não deu trela. Precisei mandar os dois contra-regras arrancarem-no da atriz. Ela ria e estreava no Brasil o charleston naquela noite. Foi aclamada, os fogos espoucaram. Saiu do palco a chorar. "Eu odeio esse homem", me disse encostada no meu ombro. Revelou o assédio intenso do colega e a sistemática fuga. Eu atribuo à recusa de Ottilia aos ataques de Chico o fato de a atriz não ter conseguido fazer uma carreira discográfica e radiofônica no Rio. Com o arrastar do tempo, Chico ficou poderoso nas estações de rádio e companhias de disco. Até mesmo o velho Figner se submetia aos seus desígnios. O cantor vendia como ninguém. Tinha poder de veto sobre o destino dos artistas e certamente impediu que Ottilia trabalhasse para as principais companhias de rádio e discos. Tanto que ela só veio a gravar uns cinco discos aí por 1931, época em que seria impossível concorrer com as jovens cantoras do rádio. Algumas vezes o violino desafinou, como no registro do samba "Na miséria", sob ordens pagas de Chico. Soube que, mesmo assim, o rei da voz teve o requinte de mandar comprar todos as tiragens para jogá-las no riacho

Maracanã. Uma vingança de homem desprezado arrancou do Brasil a memória da sua maior intérprete. Nem o pacto com o belzebu do bem bastou para evitar o estouro total da atriz.

A melhor vingança vem a passos de tartaruga. Francisco Alves morreu em setembro de 1952, na via Dutra, enquanto ouvia uma partida de futebol do América pelo rádio de seu luxuoso Buick azul-turquesa. Ao seu lado, dormia o sono dos justos o jovem amigo e espécie de escudeiro Haroldo Alves, que, aliás, nem parente seu era. O cantor dirigia o carro e o espatifou o contra um caminhão. Estava a cento e trinta quilômetros por hora. Haroldo acordou com os empurrões de uma enfermeira. As reportagens da época contam que, ao resgatarem as vítimas, não encontraram a cabeça do cantor. O corpo estava carbonizado. No entanto, sei de fonte segura que a cabeça salvou-se intacta, inclusive com o bico do ronco que Chico emitia ao ser surpreendido pela morte. O médico-legista em serviço naquele dia em Taubaté, a cujo necrotério os corpos foram recolhidos, doutor Moura, tinha sido meu contraregra justamente na época da corte infame de Chico a Ottilia. Gabiru noviço, o Mourão cultivava na horta do vizinho uma paixão não apenas platônica, mas sobretudo plotínica pela vedeta. Seu desejo atingia a noosfera da gnoseologia. Jurou que um dia vingaria a tristeza de Ottilia na noite da inauguração do charleston. O destino jogou os dados a seu favor e o fez se encontrar com o cadáver carbonizado do Chico Viola. A única parte intacta era a cabeça. Não teve dúvidas. Cortou-a rente ao pescoço para facilitar o transporte. Mergulhou-a numa bacia de formol, cobriu esta com o avental e a levou para São Paulo. Ali, entrou em contato com Carmine Sposito, o maior taxidermista da terra da garoa. Pediu-lhe que mantivesse a pose de ronco do cantor e abrisse o olho direito, em gesto de conquistador. A cabeça foi embalsamada e encaixada num suporte de busto de manequim de armarinho. Carmine banhou tudo em bronze, para parecer um busto. Realizou um trabalho tão perfeito que até hoje ninguém suspeita que aquele busto de Chico Viola, depositado atualmente no Museu do Ipiranga por doação, pelo doutor Mário, é um troféu de caça*. Não acreditava que Ottilia houvesse sabido do episódio, pois, pelo perfil que ela fazia, seria capaz de exigir sepultura cristã para o velho pirata da areia de Copacabana. Mas pelo contrário. Há poucos dias Moura me enviou uma carta, para responder à minha curiosidade irremendável sobre o tema. Para efeito deste livro, pedi ao Moura peculiaridades de seu relacionamento com as atrizes na época em que trabalhou no São José. Revelou-me uma história tão fantástica que não quis consertar o que eu sabia sobre o tema e o deixo se expressar com o próprio verbo.

"Você sabia da minha obsessão lunática pela Ottilia", escreve o imemorial bolina. "Lembra-se quando você me aconselhava a escolher outra atriz ou tentar o caminho mais fácil das coristas? Você sempre foi um bom camarada. Achávamos você apenas um pouco fechado, dado a ataques de euforia e timidez súbitas. Você se enfiava no buraco e não falava mais com ninguém. Um belo dia lá vinha o Praxedes com um sorriso e até uma piada. Teu mau humor e perfeccionismo fizeram história. A gente se perguntava para que tanto cuidado num espetáculo que tinha suas leis no improviso. Você vinha com discussões intermináveis, com teorias sobre o papel do ponto. Você era muito engraçado. Lamentamos quando você pediu as contas porque perdemos o prumo de muitos anos daquela companhia. Muitas vezes eu tive que assumir o ponto e foi um caos. Entendi, então, as tuas preocupações e a necessidade de um certo controle no incontrolável. De qualquer forma, me recordo que você exercia um poder muito forte

---

* O referido objeto não foi encontrado até agora entre os obras de arte do acervo do Museu do Ipiranga em São Paulo, embora seja referido no inventário de peça raras doadas. Vide ZIG-ZIG BUM!, Josué Miguel. "A epopéia da cabeça de Francisco Alves: um debate sem início", *Revista da Velha-Guarda*, nº 3, vol. XII. Petrópolis, Tipografia Irmãos Castro, 1988. (J.M.Z-Z.B!)

sobre Ottilia. Ela te obedecia, um fantoche em tuas mãos. Eu, menino estreante, cheio de amor pra dar, desconfiava de que vocês dois tivessem tido alguma coisa num passado não muito distante. Depois, sem que você precisasse me contar, soube que sim. A própria Ottilia me disse. Ela te adorava, mas se afastou de você porque, segundo me contou na época, achava que você era incapaz de se apaixonar e se dedicar a uma mulher. Tudo o que ele é concentrado no buraco, é dispersivo no amor, comentou. Resolveu gelar o contato até que vocês virassem amigos. Eu a desejava ardentemente. Você sabe como ela era namoradeira. Mas me recusou com convicção de quem já conhecia o enredo de trás para frente. Faço qualquer coisa por você, eu suplicava. Ela, nada. O tempo entrou em maré vazante e, logo antes de você sair, ela tentava carreira no disco. O Chico Alves a tirava do baralho, usando a influência que tinha nas companhias de disco para tentar trocar um contrato por favores amorosos. Ottilia vivia chorando por ter de contracenar com o Chico Alves. Uma noite, seus olhos mareados me fitaram e disseram tá, bem, Moura, vou para cama contigo, te ensino o que é o amor, mas antes eu quero a cabeça daquele ali. Apontou para o Chico Alves. Ele estava no palco, gorjeando outro dos sambas do Sinhô. Os olhos de Ottilia cintilaram com os brincos bizantinos que ela usava naquela sessão, enfeite transcendental para seus cabelos negros ondulados. A boca se contraiu por um segundo e logo armou um sorriso matador, que transformava seus olhos cruéis em pura beatitude. Apertou o crucifixo que costumava usar no pescoço, ornando os seios nus mal-ocultos pela camisa de algodão quase transparente. Não sei por que cargas d'água naquele dia as gambiarras estavam acesas com luz de gás carbonado. Acho que tinha faltado luz, coisa assim, e a gente deu um jeito de levar o espetáculo com o gerador a gás. Você sabe, a luz de gás azula e torna pálida a pessoa que é exposta a ela. Ottilia estava lázuli e branca, o fundo preto da cortina. Fez um requebrado, os seios arfaram, os lábios intumesceram, os dentes caninos se projetaram levemente para fora, cerrou os olhos e ordenou: 'Eu me presenteio a você; mas, primeiro, aquele bestunto!'. Baixei o meu, tristonho por achar a proposta absurda e abjeta. Moura, eu espero. Não posso, Ottilia. Jurou fidelidade à promessa. A cabeça do Chico Viola numa bandeja seria a senha para ela se entregar a mim. Você não imagina, Praxedes, as horas difíceis que vivi, na ordenha do crime. Planejava inutilmente colocar uma tora na bâmbola para cair no exato instante em que o Chico estivesse no palco ocupado com seu número de muitas horas. Ou tentando envenenar a merenda que servíamos nos ensaios. Nada dava certo. O homem tinha corpo trancado a oito chaves. Os anos subiram a montanha, perdi a virgindade com uma deliciosa corista modelo 1924, acomodei os hormônios às circunstâncias da vida. A cisma, porém, persistia. Eu precisava possuir a Ottilia. Estava cada vez mais bonita e fatal. Saí do teatro, formei-me em medicina e acompanhei a carreira da atriz. Percebi que ela não deu certo em disco e o ódio ao Chico retornou como no primeiro momento do desejo animal. Em 1947, já casado com uma rica, mudei-me para São Paulo para assumir a função de médico legista no Instituto Médico Legal do estado. A Ottilia já estava lá. Tinha ido tentar carreira na rádio Bandeirantes, pois no Rio não encontrava emprego. Estava cada vez mais bonita e surpreendentemente jovem. Ela me telefonou no IML: 'Pronto, aqui é a Ottilia, doutor Moura. Telefonei porque gostaria de dizer que minha promessa continua em pé e Chico Alves faz um espetáculo para a multidão. Até mais ver.' Beijos? Entendi. Meu revólver calibre 38 estava na maleta de médico no segundo em que resolvi assistir, à tardinha de sexta-feira de 26 de setembro de 1952, à récita de Francisco Alves no largo da Concórdia, no Brás, para uma multidão calculada em cinqüenta mil pessoas. Não adiantava alvejá-lo com um tiro. Isso me comprometeria. Além do que ele estava longe, num palanque de político cheio de policiais. Juro pra você, caro Praxedes, que divisei o Buick azul encostado numa rua transversal deserta, à espera da saída do cantor. O motorista não estava ali. Aproveitei para me jogar para baixo do automóvel. A maleta tinha instrumentos suficientes para desconjuntar o carro por baixo, debilitar o cabo do acelerador e serrar a coluna da direção. Vi que o motorista se aproximou (na realidade vim a saber que não se tratava de um motorista profissional, mas de uma espécie de cabo de claque, contínuo ou pajem do cantor, um tal de Haroldo), talvez ouvindo algum barulho. Estava com muita pinga para notar alguma coisa e voltou para se juntar à multidão, que cantava junto com Chico aqueles que viriam a ser os derradeiros números de sua vida, com as músicas 'Serra da Boa Esperança', 'Voz do violão' e finalmente 'Boa-noite, amor', prefixo musical de seu programa na rádio Nacional. Era de tarde, mas a patuléia decretou meia-noite. Isso me deu tempo suficiente para fugir. Ouvi ao longe o coro 'Na carícia de um beijo/ que ficou no desejo/ boa noite, meu grande amor', enquanto tomava o bonde para o centro da cidade. Pensei: amanhã o carro vai romper a direção e se esborrachar na estrada; vou fazer plantão no Instituto Médico Legal e ficar de olho no rádio para fiscalizar as ocorrências. Se acontecer, corro para o local, faço a autópsia e retiro a cabeça, sem deixar de anotar no laudo que ela desapareceu com o choque e o conseqüente incêndio do veículo. Por volta das 17h30 (o carro havia batido às 17h23), deram o alerta de Taubaté e pedi que não tocassem em nada até eu chegar. Removi a cabeça do cadáver, mandei-a taxidermizar imediatamente e marquei o encontro com Ottilia para a noite de domingo. Disse à minha mulher que tinha plantão urgente e fui até a avenida São Luiz, onde ela morava num apartamento luxuosíssimo. Ela abriu a porta com um sorriso eufórico. Continuava sendo a última das nove maravilhas da natureza. Estava de robe de seda negra. A sala do apartamento era cheia de cavaletes e telas espalhadas. Beijou-me na boca, fechou as cortinas e pediu: 'Cadê? Cadê?'. Retirei o veludo rosáceo que cobria a cabeça e a exibi.

Ela olhou bem para a expressão de ronco do cantor, deu um suspiro de gozo, tomou para si a cabeça e se pôs a dançar. Jogava o pescoço longo para trás, girava com a cabeça de Chico Alves levantada como um troféu. No movimento, o roupão caiu e revelou o corpo esguio perfeito em curvas, músculos e ângulos retos, o vão entre o púbis e as coxas em perfeito balanço. Meu caro Praxedes, aquela mulher não tinha os cinqüenta e oito anos que constavam da carteira de identidade. Não lhe dava mais que dezoito. Enlouqueci, me pus de joelhos diante dela. Ela girou, requebrou, subiu pelas paredes, plantou bananeira na mesa de cristal sem deixar cair o elefante indiano de vidrilhos, tudo isso em alguns segundos que pareceram horas e por fim se jogou sobre mim, sem cuidar que a cabeça ficasse a salvo. O despojo rolou atabalhoadamente até o rodapé da sala. Fechou o olho e desfez o bico. Uma atitude discreta para evitar a contemplação do maior transe sexual que este Brasil já testemunhou. Eu voltei a ter dezesseis anos e ser um contra-regra incendiário. Descobri o amor carnal aos cinqüenta anos de idade. Pode levar esse troço, ronronou a maga, abrigada nos meus braços a revezar refeições, banhos, idílios e sessões de pintura. Meu maior desejo na vida era pintar esta natureza morta, falou, e mostrou o óleo em estilo fauvista, com a cara de fauno do Chico Viola marmorizada, ao lado de uma cebola, uma cabeça de alho e uma banana nanica. Depois nunca mais a vi. Também não precisava. Tornei-me indiferente ao sexo no mesmo dia em que o enterro-monstro de Chico Viola comovia o país, com quinhentos mil espectadores entoando 'Boa-noite, amor' e 'Adeus, cinco letras que choram'. Pedi ao Carmine que desse o tal do banho de bronze na cabeça que está às margens do Ipiranga. Assim se deu, Praxedes. Minha esposa pediu separação de corpos. Não me arrependi porque me contaram que a culpa foi do caminhão que atravessou a faixa. Fui inocentado pelo acaso."

Meu cachimbo se assustou antes de mim. Algumas vinditas são mesmo saborosas, sobretudo no Brasil. A gente da terra pode ser preguiçosa, irresponsável e mentir sem sentir. Mas tem uma virtude que precisa ser firmada. É persistente no que se refere a dar o troco. Ottilia aguardou trinta anos para encarnar o papel de Salomé, com sessenta anos de idade. Essa nem eu esperava. Deveria ter pensado que tudo se armava naquelas noites do São José d.E. De alguma forma, todos nos tornamos a projeção dos desejos da nossa juventude. Eu, quem era eu? Como dá para observar pela história que eu e vocês acabamos de ler, eu era o sujeito errado no espetáculo trocado. Não presenciei o melhor das histórias do palco cênico porque quase não me movi. Daí que muitas vezes roubo as memórias dos outros, como acabei de fazer com o Moura. Sou um velhaco. Ninguém me autorizou a nada. O desejo de contar me move, embora o que eu conte sempre pareça em dívida com alguma coisa que acontecia naquele exato instante do caso que eu narro. Ora, justamente o traço que eu condenei nos memorialistas-espectadores. Talvez o Moura tenha dado a descrição precisa para o meu caso. Arredio e maníaco como qualquer ponto, encaminhava-me naquele novo tempo para o emparedamento em vida.

7.
A RIVALIDADE TEM PERNAS DE AFINAÇÃO

Fiz uma descoberta no início de 1926. Alfredo Silva não era um ator fantasiado de Zeus, e sim bem antes pelo inverso. Deidade em trajes de carne humana, ele reinava sobre o mundo e a concha do mundo, onde eu me encontrava. Notei-o um dia *ex machina*; baixava vagaroso do urdimento, erguido por duas malaguetas de aço temperado, dando-lhe um ligeiro aspecto de enforcado em orgasmo. Continuava como dono dos papéis característicos da companhia. Com mais de setenta anos, o homem parecia que não figuraria nunca nos "mortos do ano" das colunas especializadas em vida teatral. Era um personagem mitológico em togas de artista. Sua presença já provocava risadas nos jornais do dia seguinte. Eu seguia a ser a tábua de bater roupa do crítico João Luso. Resignava-me ao papel histórico da classe.

Pois Alfredo Silva, o *compère*, farol da inspiração na memória do povo, converteu-se no estopim da minha saída do São José, no dia 10 de maio de 1926, três meses antes de a companhia se despedir do mundo dos vivos, após quinze anos de serviços de diversão contínuos ao público carioca. Os Segreto queriam se renovar e anunciaram uma "nova companhia", já que, segundo eles, o elenco nacional estropiava a patuléia. Contrataram dez coristas e aumentaram o corpo de córos para setenta pernas da nova safra regidas por uma bailarina russa, três atrizes portuguesas e uma penca de atrizezinhas nacionais sem renome. Ottilia prosseguiu, assim como Zeus, a bela e descontínua Antonia Denegri e o Grijó Sobrinho, parente e herdeiro universal do bardo da influência espanhola. Izidro Nunes era o ensaiador. A iluminação foi reforçada por causa da concorrência das trupes espanholas, principalmente a Velasco. O palco venerável foi substituído por uma passarela gigante de cristal. Ali, o ponto murchava como flor do campo. A peça em questão e cartaz intitulava-se *Pirão de areia*, do Marques Porto e música do Assis Pacheco, outro velho parceiro do Arthurzão Azevedo.

A estréia se deu em 7 de abril, segundo documenta o Mari, porque eu próprio nem me recordava mais. A peça adentrou maio, com palmas e tiros de crítica. Me lembro fritar debaixo de Conchita, enquanto Ottilia rompia no público com o número "Foxtrotada". Consistia em balançar o corpo inteiro, subir ao palco e dar topadas na vedeta Edith Falcão e na *comère* Vitória Miranda, tudo ao som de jazz band. Mas a estrela tinha agora uma rival, mais sacudida ainda, que fazia uma caipira e um número intitulado "Jazz-band". Tratava-se de Alda Garrido, parente do Eduardo, moça com princípios que na verdade se revelavam sem fins. Tinha espasmos grotescos que Ottilia driblava por se considerar acima da abóbada. Queria conquistar todos os homens da caixa, e o fez, inclusive a mim, que não resisti a seus encantos sertanejos. O clima do espetáculo era feérico em excesso. Confusão de números rápidos, música e piadas que se volatilizavam da memória do fã mais engajado. As quarteladas do palco se moviam para cima e para baixo. A bambolina-régia ornava de flores amarelas no fundo da cena. Havia rotundas com paisagens do campo pintadas pelo Angelo Lazary, trainéis que sacolejavam como no pastelão, as manobras cediam e faziam trepidar as pernas de afinação. Eu precisava me proteger com os braços para não ser também atropelado pelos acontecimentos do palco. No número "Ascendinices", vinha para cima de mim a Rosa Negra acompanhada das oito *black-girls*. O texto era engolfado pela ação, o desfile de pernas e os cenários cintilantes. Eu sentia perder o controle do espetáculo, sem que ninguém notasse a diferença. A luz alaranjada da lâmpada de 40 watts iluminava a estante em que eu lia o texto, num ato solitário dentro de uma tempestade pura de requebros. Meu hipnotismo não surtia efeito. Ninguém percebia o meu olhar de lince que captava os mínimos tropeços. No início, aquilo me pareceu uma impressão, a implicância que eu alimentava por esse tipo de espetáculo sem eira nem beira, desculpa para music-hall. Vagarosamente a verdade criou formas e me tacou na cara que eu não era ouvido nem fazia parte da festa. Passei a ler a peça como se fosse debaixo de uma jaqueira ulterior imemorial, distraído de todos. Emitia ruídos estranhos aqui e ali, só para chatear. Estralava um celofane para imitar fogo quando o mordomo servia o chá. Um tapa se ouvia no beijo da vedeta. Às vezes me dava os cinco minutos e invadia a cena para expressar minhas reflexões sobre os destinos do teatro, o que deixava a patuléia destemperada. No dia seguinte os joões-lusos da vida me chamavam de incompetente. Saía borocochô da caixa e seguia a pé o caminho rumo à Glória.

O coração dormia apertado nos braços de Lambda na cama de casal que ela tinha na pensão Beethoven. Decantávamos uma paixão sensual *ritornella* demais para dar bola aos azares da revista e dos hóspedes da pensão. A casa estava às moscas, sem refeição ou serviço de portaria porque Lambda se perdia em folguedos populares ao lado meu. E eu saía afogueado deles para a cúpula, sem consultar diretor de cena ou o encenador. Mesmo porque não existiam de fato. Era eu e só eu que ao longo de quinze anos havia sido o diretor de cena e o ensaiador. Izidro e Eduardo eram seres imprestáveis, egos inchados num afogamento noturno suicida em época de baile a fantasia do Cordão do Bola Preta.

Uma noite depois da chuva de granizo habitual de aplausos (e nunca eu era chamado ao palco), a caixa se enchia de oportunistas, gabirus e almofadinhas. Agasalhava o desregramento total. No início da história do São José, reinava a confusão porque as atrizes e coristas carregavam para os bastidores seus bebês e crianças, por não poderem pagar criadas para cuidar deles. Algumas meninas eram desencaminhadas pelos faunos de ocasião e logo se transformavam em material para o corpo de córos. A criançada fazia enorme confusão na caixa. Passava correndo, atropelava as pessoas e planejava traquinagens maquiavélicas. Mas a promiscuidade fez fortuna maior quando começaram a aparecer os jornalistas, aliás alvos prediletos dos pimpolhos. O Mari, sempre a exibir as credenciais do seu jornal, era o espantalho da garotada. Mas tinha vantagens como bolina magno de toda ocasião. Se costumeiramente recebia chuvas de limões-de-cheiro, bisnagadas e ovos nos óculos de aro grosso, nenhuma *black-girl* lhe escapou naquelas noites de consagração. Convidou a mim e ao Alfredo Silva para participarmos do aniversário de dois anos da União das Coristas, na sede da prestigiosa entidade, localizada à rua do Lavradio. Como já disse, Mari era o conselheiro da entidade, além de sócio-fundador. Não me perguntem por quê, porque todo mundo já sabe. Ele fazia o papel de paladino da justiça das coristas, por motivos bolináceos. Apresentou-me às poucas que eu não conhecia. A presidenta do órgão, Elisete Velasco, recebeu-me com beijocas e afagos. Era uma quase-matrona de seus trinta e cinco anos, mas parecia ter menos que dezessete, tamanho o frescor de seu olhar rafaelita.

"Acho que nos conhecemos na época da Ismênia dos Santos", disse-me ela, referindo-se aos primeiros tempos do São José. Não a reconheci. Provavelmente tomou parte do primeiro corpo de córos do teatro e usava meia até na cara. Com tal recurso, impedia que eu realizasse a transposição de tempo e desse os descontos necessários. Não fiz parte daqueles idos.

"Claro que sim!", respondi na mentira. "Desde aquele tempo tu já mostravas as melhores danças do planeta!"

Ela cacarejava em risos. Mas quem me alugou naquela noite foi a Lina Giner, tesoureira e proprietária de formatos coloidais intoleráveis à razão ocidental. As coristas eram beneméritas por excelência. Serviram bebidas e doces em abundância. Eu e Lina dançamos a noite inteira, um maxixe apenas, um só passo, mas bastou para nossos propósitos. A festa foi maravilhosa. Elas revelavam um talento radical para trocar de par e contar histórias fora de propósito. Mostravam-se famintas de reconhecimento. Todos os maxixes encaixavam no passo que regulávamos. Alfredo foi embora sem que eu tivesse me dado conta. Mari saiu acompanhado por duas nereidas, uma loura e um morenão. Ao despertar, vi alta manhã no apartamento da Lina, logo acima da sede do Cordão do Bola Preta na Cinelândia. A contemplar a Biblioteca Nacional lá de cima, bocejei os últimos prazeres genuinamente carnais de minha vida. Voltei para a pensão sem que Lambda perguntasse nada. Então se iniciou o grande padecimento.

Virei presa de Zeus. Ele me fez desencarnar no teatro. Para encurtar a tragicomédia, foi assim. Na hora em que entrei na caixa e o enxerguei, percebi que Alfredo Silva me tinha como rival. Eu significava para ele o ponto que lhe atrapalhava os movimentos. A maldade do inimigo escondido revelou-se de repente, sem que eu tivesse tempo de me defender. O motivo talvez fosse o romance rápido que eu empreendera com Luiza oito anos atrás. O ciumento gordo nunca fora capaz de conquistá-la. Ou então se sentiu diminuído por meu sucesso entre as coristas na noite anterior. A rivalidade tem pernas de afinação muito longas. Apóia-se em escoras remotas, sem que consigamos divisar suas origens. Ensaia seus ataques às escondidas, no urdimento e baixa *ex machina* em toda sua crueldade. Os motivos do mundo eu não vou explicar nem procurar alterá-los em nome de uma ficção mais cara. Vão como vieram, sem manual de instruções.

Com a verve característica, Alfredo desrespeitou em definitivo o ponto num número rápido de cortina. Era especialista em cenas de arena romana. Fazia sozinho a multidão de romanos pedintes de cruor. Numa atitude de aparência impulsiva em meio a uma gague, conclamou-a para linchar-me à saída, como se eu fosse o Nero de *Quo vadis* e ele, bem, ele Júpiter. Ele próprio no papel de multidão, respondeu entusiasticamente com os dedões para baixo, gesto de condenação inapelável à morte. Tiro de misericórdia quando mandou que as *girls* pulassem o shimmy em cima da concha, amassando-a até sepultar o buraco do ponto comigo por dentro. Aquele improviso se transformou em política cultural a partir de então. Assisti a tudo daquele buraco. Agora ele estava sendo tampado, e eu, enxotado dali como um meliante. Minha vida é a metáfora do buraco e vice-versa. Saí às pressas, enquanto a multidão, ou seja, Alfredo Silva, tentava me destruir, a perseguir-me rua da Carioca afora. Corri como um bilontra, olhava para trás e via a turba Alfredo a arremessar pedras e garrafas: "Pega o ponto! Rato, rato, rato, rato, rato, rato!", gritava, a repetir sua velha copla de sucesso. Não conseguiram me alcançar. Tomei um bonde andando para o Méier escondido na massa.

Até hoje não distingo se era uma turba ou a imitação do ex-*compère*. Só sei que para mim a humilhação teve ares de premonição definitiva. Ao acordar, li no *Jornal do Commercio* a crítica do João Luso. "Ontem assistimos a boas gargalhadas no São José", escrevia o arremedo de crítico. "O ponto, mais uma vez, revelou-se culpado. Até aí morreu o Neves. O novo *clou* do espetáculo residiu na hilariante cena de cortina a cargo de Alfredo Silva, pouco antes do final. O notável ator conclama a multidão a perseguir o ponto. Mago do palco, ele consegue representar a multidão por meio de ruídos e fazer com que a platéia se engaje na perseguição. A cena genial esvazia parte da platéia, que abandona o teatro para correr atrás do ponto Saturnino Praxedes. Às vezes a multidão faz justiça. E Saturnino? Bem, ele tem agora a ocasião rara de sair do anonimato." Comi o jornal inteiro para me suicidar. A ingestão daquele papel venenoso me proporcionou uma congestão estomacal tão forte que me recobrei. Alguns morrem da cura. Vivi do mais letal dos venenos. Eu d.E. passei a me recusar à ação além-teatro. O tempo deixou de correr para mim. Relógio parou. Existi no limbo do controle segundo a segundo das récitas, e do nada, fora delas. Meu cérebro e meu corpo não conviviam com o parar do tempo. Foi o maior castigo da galáxia para mim, porque de repente me vi velho e sem ter aonde ir. Os ideais da mocidade eu mantinha, mas não tinham mais sentido, por se tratarem de coisa etária. O universo inteiro pesava nas minhas costas. As responsabilidades, eu fugia das pessoais porque talvez não suportasse a presença delas e a capacidade que tinham de alterar elas próprias a minha história. Ter perdido a mocidade no buraco foi uma idéia esdrúxula.

Percebi que o melhor dos suicídios era continuar em pé e feliz. Saí do hospital para me dirigir à sala do Domingos Segreto. Aquele texto impugnou minha alma artística. Pedi demissão irrevogável. Justifiquei indignação com a indisciplina geral. Todo o elenco comentava a crítica e ria de mim quando saí da caixa, com o salário minguado que mal havia recebido do Domingos Segreto. Meus dias de ponto deram seu canto de papagaio louro do bico dourado final.

Fui multado pela associação pelo abandono súbito do serviço, mas pouco se me deu. Com o tempo, a atitude se revelou profética. Eu me retirava do buraco do São José com uma grande amargura. Praticamente fui levado a me demitir de tantos insultos e desconsiderações ao meu ofício. Aquilo tudo ainda era repercussão cultural da influenza. Abandonei a caixa aos baldes de lágrima, sem dar adeus aos colegas de tantos anos. Tentei me controlar, e fui afogar as mágoas num chope berrante freqüentado por meus comparsas Tenentes do Diabo. Assim não fui observado pela gente de teatro. Ela pode achar que meus critérios eram mais técnicos do que estéticos. Mas aqui mesmo provei que a arte estava em nossas mãos e a deixamos escapar, como filho foge a pai protetor. Embrulhado nesses pensamentos, não vi que ao meu lado havia se sentado o Leal. Estava com os olhos em maremoto de lágrimas. Ali estava o meu último companheiro de verdade dos tempos de balacobaco.

"Sem ti aquilo não vai ser igual", pranteou. "Não sai."

"Que que é isso, meu amigo. Não vamos fazer drama se a comédia só começou!", disfarcei. "Quero agora ser feliz, casar-me com Lambda, viver de sombra de um chapéu de couro e chope gelado."

O bilheteiro milionário se emocionou, chorou mais quinze minutos e me passou um cheque de um milhão de réis, uma fortuna para a época.

"Guarda. É pro caso de não conseguir colocação."

No final da madrugada, dávamos casquinadas intermitentes, embriagados até o tampa do cérebro. Rasguei o cheque pelas costas do meu amigo quando ia embora. Ele tinha tanto dinheiro que não repararia na minha descortesia. Além do que podia se arrepender porque virava benemerente apenas quando alcoolizado. Eu não queria saber da bufunfa. Talvez o excesso dela me desse azar. Quem sabe Alfredo tivesse encarnado no meu amigo para bulir comigo.

O meu texto poderia novamente se encerrar no blecaute do golpe letal da influenza. Porque dali por diante segui por outros caminhos. Passei a ocupar minha sensibilidade com o amor de Lambda, com a qual eu me casaria em 1928 em cerimônia simples na igreja da Glória. Na ocasião, ela vendeu a pensão Beethoven para que pudéssemos comprar nosso chatô nos confins do universo: o Grajaú...

Este parágrafo se compõe apenas de ouvir falar porque não estive mais lá para ver. A Companhia Nacional de Burletas & Revistas do São José se desfez em agosto de 1926. O São José deixara de ser sua sede desde o dia 23. Os Segreto queriam convertê-la em music-hall e servir genebra com terebintina. Fizeram a companhia se mudar para o Carlos Gomes. Não muito distante dele, no Recreio, a nossa arquiinimiga Margarida Max, introdutora do cabelo *à la garçonne* no Brasil e sensação da temporada, ria-se a valer da queda livre da companhia. Sem mim, Ottilia e Alda, o elenco finou-se ali, no Carlos Gomes, três dias depois de se mudar. Apresentava a revista *Entra Vasco*, com as pobres *black-girls* como estrelas. Não quero agourar, mas minha ausência deixou o Manoel White de cabelos em pernas-de-pau. Ele não conseguiu nada, nem mesmo segurar o apelo sedutor das *girls*. Tudo degenerou em orgia. Pouco antes de se desfazer a companhia dos Segreto, no dia 23 de agosto, as coristas da companhia da Margarida Max entraram em greve por causa dos maus tratos que a estrela reservava ao corpo de córos. Foi um fato inédito na história do teatro nacional. As colegas do São José quiseram integrar o movimento, e puseram a companhia a perder. Sem elas, e agora eram o motivo principal das *feéries*, não havia bilheteria. Mari me jura até hoje que não insuflou a rebelião das pernas belas. Tenho certeza de que ele foi o autor intelectual do movimento. Um dos velhos sonhos do Mari estava em aplicar os princípios da grande marcha tenentista ao teatro requebrado. Costuma dizer: "A revolução pode se dar nas esferas da cultura, Praxedes. Mais ainda: ela deve acontecer num setor que poucos esperam reação: as oprimidas coristas, quase-putas, quase-padroeiras do Brasil". Idéias de jerico que o meu amigo gosta de cultivar. O caso teve um desfecho eufórico. Para não configurar uma greve aristofânica de sexo durante a suspensão das atividades artísticas, as coristas faziam festa tanto no Recreio como no Carlos Gomes, irmanadas nas jornadas orgiásticas de protesto, verdadeiras saturnais inolvidáveis, segundo me contam, com entrada franca a todas as camadas sociais. Os empresários paralisaram de medo. Os piquetes ameaçavam botar fogo no teatro quando Margarida se viu empurrada a se retirar da temporada e dar o fora. Antes, aproveitou para ir aos jornais e acusar as coristas de alta conspiração. A greve se encerrou. Três anos depois, justamente em agosto de 1929, o Carlos Gomes crepitariava em chamas; um buscapé piramidal. As coristas contra-atacaram e atribuíram o sinistro a um gesto de vingança da vedeta. Não houve repercussão revolucionária na minha ex-companhia. Por ordem dos Segreto, Izidro Nunes apagou os holophotes de um São José que nem existia mais. Bajulador inveterado, não parecia sofrer com o sinistro. Sorria com ares de capataz. Condenou o desregramento do elenco e se retirou de cena com o nariz em ereção. Ainda bem que eu estava longe para presenciar a queda definitiva do meu mundo e virar a cara do ensaiador.

Tudo se despedaçou. O Stadt München, nosso ninho de ódio e amor ao Carnaval, foi fechado e o prédio leiloado em 1931. Hoje é casa de ferragens. A zona teatral acabava de se transformar na Gomorra que ainda é nos dias atuais. As coristas perpetuaram as saturnais. A diferença estava na cobrança pelos serviços. Converteram a infração em costume, para o prazer dos cavalheiros de burra de ouro. Iriam ser consumidas e morrer em poucos anos. Os pontos, no entanto, seguiam na labuta com esmero fora do pantógrafo. Eles não viam por que se preocupar com a mudança do gosto, e sim com a eficácia da cena. Quem se retirou foi eu só, num gesto que os confrades consideraram intempestivo. Mal sabiam que...

Minha vida profissional ao longo daqueles treze anos havia sido em vão. Diante de mim os fatos correram de baixo para cima. Poucas vezes pude intervir ativamente. Fui driblado e chutado para a linha de fundo. Meus cabelos se agrisalhavam, os óculos ficavam cada vez mais grossos, o pavio encurtava.

Repiso na convicção de que ponto é um dom. Para falar bem a verdade, na época em que estava no serviço duvidava tanto da minha importância, questionava a função do controle e até mesmo do teatro cômico. Às vezes me sentia um clóvis sem picadeiro ou nariz vermelho, eu ali oculto, desse no que desse. Minha tribuna era soprar aos outros e aquilo me irritava. Devia ser por isso que os pontos resolviam subir ao palco ou dirigir e escrever peças.

A peça que eu escrevia para minha própria vida não tinha desfecho algum, a cortina caía antes do tempo e o prólogo já contava o epílogo. Era uma sucessão de posfácios. Numa dessas incríveis sucessões de momentos culminantes da minha vivência, em fevereiro de 1927, tive uma recaída. Já contei que Chico Alves me chamou para trabalhar na companhia do Chantecler. Não sei por que sonho nostálgico resolvi voltar. Mas já não era a mesma coisa. O Raul Roulien inovou com as *flip-girls* no Cine Odeon, garotas que dançavam em sincronia perfeita, uma copiada da outra. Todo o pessoal do teatro estava misturado com o cinema. Faziam-se sainetes, números de cortina acelerados, esquetches e bailados. Pouco ou nada a ver com meu tempo. Foi um erro ter aceitado o convite do Chico. Apontei *Fogo de bengala*, revista forjada na nova moda, com muita música e texto nulo. As cinco crioulas roxas dançaram o charleston. Admirei, melancólico, uma Ottilia cada vez mais nova. Agüentei o show interminável dos sucessos de Francisco Alves. A harmonia parecia ter voltado ao meu cérebro irrequieto, quando certa noite de fevereiro a dançarina Nura Lubinowa, no número "Delírios do charleston", acertou-me em cheio no olho direito a ponta de aço de seu sapato. A lente dos óculos se espatifou e fui recolhido ao hospital Hahnemaniano. Pensei que estivesse cego. Desesperado, passei meses sem conseguir enxergar. O médico me proibiu qualquer atividade perigosa doravante. Lambda, ao meu lado, forçou-me a manter uma vida caseira. Deixei-me comandar, já que me sentia finado para carpintarias teatrais. Quem mandou não arquitetar uma despedida em grande estilo, com um arremate espetacular? Tomaste uma lubinowada na cara!

    Restava-me uma carreira de autor, burocrata ou dono de quiosque, igual ao meu pai. Mandei inscrever o meu epitáfio em pedra-sabão: *Ars brevis, vita longa*.

Pancada III: Gargalhada

"E quando uma peça agrada,
mal o espetáculo é findado
toda a gente vem à cena
o ponto nunca é chamado.

No entretanto muitas vezes,
a montar-se um drama à pressa,
Chega a noute, o pobre ponto
representa toda a peça."

1.
O BA-TA-CLAN CIENTÍFICO

Não há nada mais perverso do que um erro que se quer demonstrar como verdade metafísica. Era tal a postura dos novos do teatro. Ansiavam por abolir o buraco como se pudessem terminar com os enganos que sempre iriam acontecer. Mas os novos praticantes da arte desejavam agora que os erros fossem incorporados à obra, como a larva à maçã. A essência do teatro é a maçã, que todos nós, pontos, tentamos conservar ao cabo de todos os anos na Patagônia de nossos espíritos. A larva das modernidades vinha então se associar à das falhas, coisa impressionante, para nos derrubar. A falha, e não a excelência, obrava contra a gente. Ninguém podia se omitir, mesmo eu, escondido em meu canto, fora de cena, embarcado em breus.

Direi a verdade. A paixão pelo meu serviço me conduziu a loucuras intervalares. Chegou a hora em que lá do Grajaú fui chamado a intervir, porque era minha obrigação histórica. Fui conclamado a salvar o teatro do domínio dos atores. Era por volta de 1938 e eu já me dedicava à faina diária como secretário da Tesouraria da Associação dos Pontos Profissionais. Um cargo honorífico, algo como o correspondente burocrático do bengaleiro. Depois da Espanhola eu era o homem morto por excelência; em outras palavras, um contador. Só pensava em receita e despesa. Querem saber? O "bengaleiro" ganhava nada perto dos da zona teatral. Meu livro-caixa era mais triste que Madalena no Santo Sepulcro. Por isso dividi meu tempo como representante comercial de bebidas, principalmente vinhos nacionais e estrangeiros. Era a única maneira de continuar na sobrevivência.

Cheguei até em cogitar o jaguncismo. Poucos anos antes, em 36, o meu primo segundo de Pernambuco, o cigano

Cândido Praxedes, me chamou em cabograma para integrar a coorte de cangaceiros que ele estava organizando no sertão da Pedra do Reino, para aproveitar a moda dos lucrativos saques do círculo de Lampião. "Preciso de alguém para dar ordem na espelunca. Vem", me escreveu. Queria que eu prestasse assessoria gerencial ao bando e ensinasse etiqueta aos jagunços em troca de uma imensa fortuna em patacas de ouro. Confesso que quase topei o negócio. Só que a preguiça é mãe devotada da virtude e não respondi ao cabograma. Além do que, Lambda, moça loura e delicada em finezas, não combinaria com o papel de Maria Bonita. Eu queria era aproveitar minhas sestas saborosas à sombra da jaqueira, depois das quais eu me entregava à leitura das vagarezas do Sêneca, do melancólico anedotário de Sousa Bastos e dos compêndios matusquelas do amigo Carlyle. O bailado de textos era chefiado pelo corifeu Calímaco — íbis alexandrina que, feito eu, mastigava o excremento literário alheio para vomitar hinos joco-sérios. Iguais àquele que dedica a Proserpina, deusa dos subterrâneos e, por conseguinte, do báratro dos pontos. Em momentos mais felizes, costumávamos recitá-lo em algumas sessões secretas nômades da APP. Inspirado na penca de autores favoritos, tornei-me um ébrio das letras. Deles coleciono frases que uso no cotidiano para tentar inutilmente ordenar o tabuleiro.

Num desses dias de quietude e Calímaco em que eu cogitava em viver no Hades dos pontos entre as deusinhas mais coxudas do buraco infernal, o Mari veio à minha casa. Apesar da eternidade que pretendia ter conquistado, sentia-se ameaçado pela nova geração detratores e diretores. Com razão e efeito, porque aquela gente não queria mais saber de crítica ao estilo das de Mari, por exemplo, por comentar a atuação de determinado ator sem abordar os problemas da representação ou da dramaturgia, proteger os amigos, ignorar os detratores. Mari chorava aos galões em meu ombro em demolição. A nova turma de Paschoal Carlos Magno, um antigo galã da peça *Abat-jur*, de 1927, e autor de operetas sem respeito aos seus pares, pretendia com seu grupo atacar o câncer da arte dramática. Segundo eles, o bulbo da doença residia no cerebelo do ponto. Queria instaurar a ditadura dos autores, diretores e atores, para converter os pontos em bodes expiatórios. A ordem que fosse para o brejo. "Você precisa fazer alguma coisa por nós, Praxedes. É quesito de vida e morte, sabe como que é." Gostava o crítico de exagerar em tudo, e eu o acompanhava pela coluna do JB. Acontece que eu pensava que não havia motivo para preocupações. O teatro estava em pé e, portanto, o ponto continuava pontificando. Engano vão.

As conversas sob a jaqueira prosseguiam por anos a fio, regadas a cerveja e, às vezes, cachaça azul vinda lá de Osório. Eram encontros agradáveis para um defunto *avant la lettre* como eu. Na tarde chuvosa de um dos janeiros em que estivemos juntos, o Mari veio com a constatação: "Saturnino querido, sabes que os pontos têm sofrido nos últimos tentos da nossa luta", sorriu como se uma azia lhe atormentasse o espírito semipagão (contava-se a boca pequena que mantinha um altar votivo em honra a Bes, o popular deusinho protetor da cama entre os egípcios, escondido no porão de sua casa, e cultuava os ancestrais do Alcazar Lyrique; costumava dançar dionisiacamente diante das efígies de Bes, Offenbach, Lecoq e papá Arnaud; tudo balela, pois Mari havia sido coroinha na adolescência e ia à missa todo domingo). "Mas tive um golpe ao assistir no Rival a uma comédia intelectual de uma companhia metida a séria, feita de estudantes de universidade. O público já não pateia mais, meu amigo! Ele se esqueceu do bom hábito crítico. Abre a boca, sem coragem de vaiar. Se chega a vaiar, é rápido, e sem emoção!"

Todo mundo sabia da imaginação do Mari. Era mais inverossímil do que o rei Caramba 27 da mágica do Garrido. Criatura, enfim, desaparecida diante do avanço cultural dos povos e conseqüente evolução do seu espírito prático.

Dava cabriolas, fazia truques que a gente não conseguia discernir, movia as pupilas feito coristas desemparelhadas numa coreografia esquecida do Vieira. Ninguém acreditava nele em carne e sangue. Ganhou reputação por mérito do seu trabalho escrito. De qualquer forma, se verdadeiro, o problema me parecia técnico, pois abalava a estrutura da arte cênica. Eu não conseguia imaginar uma representação sem a presença virtual da pateada. O teatro então passaria a ser uma atividade quase sem riscos. Porque o gatilho da pateada proporcionava um festival de ovos, cebolas e tomates arremessados no elenco. Comparada à pateada, a vaia soa inócua, não ocasiona estragos materiais.

Passaram-se alguns dias sem que eu visse uma crônica do Mari no JB ou em *O Malho* sobre o assunto. Ele ficou sem publicar sua indignação em torno do sinistro tema. Tinha medo de perder o cartaz junto à juventude. O pobre Mari jogou pela janela uma oportunidade histórica de intervir cirurgicamente no assunto. Logo depois aquela mesma juventude que ele tentava bajular com hipocrisia o tiraria de cena a charutadas (as bengalas também tinham saído de moda, por causar hematomas). Me dei ao trabalho de ir assistir à pecinha a fim de constatar o fato. Despi o robe, vesti-me como um chichisbéu dos tempos do Wenceslau Braz e lá fui eu ao Quarteirão Serrador, onde levavam o espetáculo. E não é que a coitada da pateada foi se encontrar com Wotan antes da gente? Quem diria? O pessoal das torrinhas havia apeado e já não tinha chão para patear, que era de lage ou ladrilho. Também colaborou no processo de transformação a troca do couro pelo molenga nas solas dos sapatos. Os sapatos de pelica dos almofadinhas já não criavam a trovoada de antanho. De qualquer modo, um público soterrado em toneladas de concreto de um arranha-céu que se erguia sobre o teatro enterrando-o no subsolo. Um fato lamentável. Os estudantes rebolavam como marinettis contrabandeados, exibindo as carnes durinhas da gente-bem. Paschoal andava de um lado para outro, no comando dos pequerruchos.

Pareciam desprezar o público, mais entediado do que numa ópera. Dei-me conta de que o inimigo fazia parte indelével do meu próprio estômago.

Mari estava com razão e meia. Comecei minha corrida contra o tempo. Ele me demonstrou, com a persuasão de Cassandra, que todos nós estávamos fodidos. Era eu, e ninguém mais, o encarregado de resgatar a dignidade, restaurar os hábitos da pateada e da claque, bem como o alvitre do ponto. Morria de vergonha por ser o salvador; um papel que eu, aliás, conhecia de cor. Resgatar a cena na hora da crise total. Quantas vezes não apitei os botões e pus ordem no barraco? O clamor cresceu. Os pontos iam um a um à minha casa, pediam conselhos e sugestões. Acreditavam que o mundo conspirava contra eles. Estavam sendo sistematicamente expulsos dos teatros, sob a alegação de obsolescência. As reuniões que fazíamos eram a princípio informais, mas a associação decidiu ir mais longe e organizar tudo em atas, relatórios e menções de ordem. Estávamos todos ali, irmanados em idêntico padecer.

A maior parte dos senhores da situação o faz pela submissão de joelhos, contemplando a vítima de cima para baixo. O ponto obra pelo inverso. Tripudia aos pés da vítima. O ator o encara com respeito, mesmo que esteja ali embaixo, porque o ponto o mesmeriza com o olhar de lince do conhecimento. O medo que infundíamos no elenco vinha certamente de um dever de ofício, das características básicas do trabalho. Mas também provinha de um traço monstruoso. A cena deve seguir os dentes da roda dramática e o ponto é para os atores a cabeça luminosa separada do corpo depositada na bandeja do palco. Movíamos os lábios e se instalava o pavor. Tremia o melhor dos atores, acostumado aos componentes do seu tipo. Sucumbia à verdade do texto. Só o buraco permanecia iluminado plenamente ao longo das representações. Controlávamos a qualidade de tudo que se passava. Carpintaria teatral era com a gente mesmo. Não entendo como fomos eliminados da ordem do universo. Nossa extinção é a prova cabal de que a arte caminha para a autodestruição. Por tudo isso aceitei a convocação dos meus companheiros para sairmos à batalha final. Já era notório que a ausência de pontos havia piorado a vida do teatro e do público. Não víamos necessidade de produzir um movimento em nossa defesa estética. No entanto, agora percebo, precisávamos tê-lo feito. Simplesmente saímos à batalha, sem conclamar aliados. Pareceu-me um gesto quixotesco. Dava-se uma tragédia nos gêneros alegre e dramático. Os buracos eram cimentados como moscas em carneiras de fundos de cemitério, tapados para que os atores já não pudessem se assustar nem mesmo com o relance de nossa lembrança. Foi um expurgo semelhante ao que os judeus começavam a viver naqueles mesmos instantes nas Europas. Os cupinchas de um suposto "teatro de vanguarda" praticavam o holocausto artístico. E éramos mais de cinco mil pontos espalhados pelo Brasil na época. Havíamos resistido ao cinema, ao automóvel, às máquinas falantes, à guerra e ao J. Figueiredo! Mas um dia os diretores iriam à forra, associados aos atores, à imprensa e ao público, que não cogitava nossa existência, mas aprendia a nos odiar. Tramaram o estertor do bode expiatório. O micróbio do descontrole partiu do teatro chamado "sério", instalado ali desde a Espanhola. O teatro "sério" se alimentara numa crença de Sousa Bastos, esse Apolo da cortina cômica, segundo o qual o talento é companheiro inseparável do desequilíbrio. Lembro-me que já nos anos 10 havia diretores que aboliam a gente. Nos 20, o grão-fino e escritor Álvaro Moreyra fundou o Tetro de Brinquedo, cujo nome já dizia tudo: não tinha ponto e era amadorístico. Seu rival, Renato Viana, erigiu o Caverna Mágica, que todos nós aplaudimos, apesar de o resultado ser tão desengonçado e esquisito. Todas essas tentativas de intelectualóides eram uma cornucópia de cacos tamanha que o público e crítica confundiam aquilo com originalidade. No teatro musicado, a exigência de ordem era maior, devido ao tamanho do elenco e o pouco tempo para decorar o texto. Fazíamos três ou até quatro peças por quinzena. Com nossa abolição, o gênero alegre estrebuchou. Os diretores cortaram custos e reduziram a representação na praça Tiradentes a um desfile de carne humana. Foi o fim da única sombra do que poderia ter sido uma Broadway brasileira. Desta vez, a vítima foi o ponto no último rito sacrificial. Quem sou eu hoje, quando a maioria dos pontos padeceu e morreu, para defender um renascimento? Passo a palavra à boa e velha posteridade, desculpa para tantas atitudes impensadas. Gostaram do resultado? O teatro melhorou nos últimos vinte anos devido à impugnação em massa dos pontos? Claro que não. Por sarcasmo, o raio da lógica só não relampejou quando tivemos as cabeças cortadas. Erramos por permitir que a nova geração se infiltrasse docemente no meio. Não notamos. Mantínhamos a cordialidade e a bonomia típica da caixa dos teatros da bela época. Mal sabíamos que abrigávamos o inimigo em nossa própria trincheira. O judas no caso foi o já mencionado Paschoal. Conheci-o com dezesseis anos de idade, pressuroso e trabalhador, justo como contra-regra do São José. Moço bem apessoado, cheio de sofisticação e donaires, não parecia preparado para a função. Confessou-me que seu grande desejo era chegar um dia a virar ponto, já que alimentava devoção ao texto. Um dia, convenceu o Eduardo Vieira de que sua opereta, intitulada *Chiquita*, deveria ser representada. O Paulino do Sacramento pôs música, mas deu em nada. Em 1927, Paschoal se tornou galã do Caverna Mágica, atuando em *Abat-jur*, lá no Teatro Casino, entregue às piranhas vanguardistas. Paschoal impressionou os antigos colegas de revista por interpretar justamente um afetado dramaturgo enlouquecido atrás de um palco, um elenco, um teatro. Mera cópia de Pirandello, mas extraiu cirurgicamente as palmas dos ingênuos por sua interpretação nervosíssima. No Teatro de Brinquedo, fez uma ponta no grand-guignol *À espera* e obteve sucesso como degolador. Logo se converteria no propriamente dito. Associado aos encenadores que agora atendiam pelo nome de diretores, daria a largada para a grande execução. Já diplomata, ele deliberou junto ao governo para que não pudéssemos exercer nossas funções. Criou-se um clima de antipatia contra nós, uma coisa sem eira nem beira. Os soldados nos paravam na rua para pedir documentos. Nos teatros, viravam a cara para nós. Que grande palhaçada! O teatro do Paschoal era as ruas. Mari escreveu em 1927: "Há, nele, material para um ator". Onze anos depois, me disse que teria substituído "ator" por "sacripanta". Mas era tarde demais.

Todos me pediam conselhos naqueles adiantados da década de 30. Eu já estava cansado de tudo, numa sobrevida sem muito sentido d.E. Chegamos à conclusão de que os diretores nos tiraram de cena porque quiseram se converter eles próprios em pontos, em controladores dos aspectos que não lhes diziam respeito na divisão do trabalho. Comparsas da escalada fascista, eles queriam ser generais e não podiam atribuir prerrogativas de controle aos verdadeiros especialistas em estratégia. O fato coincidiu com o golpe militar do Estado Novo. Foi um golpe político que todos celebraram e ainda celebram como passo rumo à modernidade. Renunciei ao berço esplêndido grajaúnico e parti para ação.

Nas reuniões, o Ulles se agitava, tomado por entusiasmo juvenil, e repetia para mim o bordão que eu já sabia de cor: "Só você pode salvar o teatro. Com sua liderança e nossa participação, vamos organizar um movimento pela restauração da dignidade do ponto".

Já sei, já sei. Reuníamos mais e mais a categoria. Os debates seguiam lentos, mas inflamados. A solução encontrada por Rosalvos foi organizar um benefício. Consistiam estes em espetáculos que um ator ou vedeta davam para recolher fundos numa tentativa de complementar o orçamento com contribuições caridosas. Foi num benefício que apareceu no Rio o primeiro baile de Carnaval, enxertado pela italiana Clara Delmastro. Pois nossa classe precisava delas naquele momento crucial da história. Mari foi o primeiro a erguer o verbo e defender a idéia: "Sim! Um benefício! Algo que estimule a boa sociedade carioca a ajudar a nossa causa".

Encurto. A festa que organizamos em nossa vantagem no Teatro João Caetano foi um fiasco. Nem mesmo os pontos compareceram em peso. Muitos tinham que trabalhar e temiam que, se faltassem, fossem mandados embora. Uma dúzia de gatos pingados jogou confete e serpentina uns nos outros, a orquestra convidada era a Pan-American do cassino Copacabana, artigo de primeira. O maestro Simão atuava como verdadeiro Belial do samba-canção, os trombonistas faziam micagens e se levantavam e agachavam para imitar orquestra de swing. O baterista J. Thomaz realizava malabarismos com as baquetas e suas luvas brancas que ocultavam horrendas queimaduras sofridas num acidente. Ottilia fez a *crooner*, com desempenho sensacional. Até a vozinha da Aurora Miranda apareceu para nos apoiar numa marchinha de São João. O maxixe sinfônico, porém, não levantou os ausentes. Um luxo, só que não havia mulher no recinto, exceto as mártires esposas dos pontos. Tentamos chamar as moças que trabalhavam ali perto, mas debalde. Quando chegaram, só nós havíamos sobrado. Perdemos dinheiro com a aventura. Foi um malefício para a classe. Tanto que o baile recebeu o apelido de Rêgo Barros a partir de então. Olhamos à nossa volta e descobrimos que éramos os últimos componentes de uma paisagem que não existia mais. Saímos deambulando pelas calçadas até o sol cair de vez.

Perder o cartaz foi muito duro para meus colegas. Eu já havia estacionado no Grajaú e não possuía problemas de identidade. De qualquer modo, via-me na obrigação de coordenar alguma ação mais agressiva para comover a opinião pública. A coisa ficou ainda mais deprimente nos dias que se seguiram. Vinha um me contar, esbaforido, que havia sido mandado embora sob o maremoto de pancadas de um diretor temperamental. Outro me telefonava do interior para chorar as pitangas do sepultamento vivinho da silva. Houve aquele que escapou pelo subsolo, perseguido por um elenco furibundo. Um a um ia sendo catapultado para o esquecimento. O Ulles, até o garboso galã dos pontos, acabou por se render aos fatos. Foi demitido da companhia do Walter Pinto, bem como todos os pontos ali empregados.

"Aconteceu no meio de um music-hall qualquer", me contou Ulles, aos choros. "Uma vedeta teimou em não repetir o que eu lhe soprava. Fincou o salto no meu olho e foi reclamar pro Pinto. Ele deu ordem de me suspenderem. Não é que fizeram isso por meio de um gancho que vinha do urdimento? Fui agarrado pelo ferro de minha concha e erguido pela boca como um robalo, para a gargalhada do público. Quando cheguei lá em cima, havia uma carta de demissão à minha espera. Saí sem dizer um ai. Estou aqui, Praxedes, doido pra agir."

Ele me queria líder revolucionário. Vá lá. Sentamos com a cachaça e planejamos o nada um dia inteiro. O fato é que sabíamos do problema, embora sem noção exata dele. Enrolávamo-nos em acontecimentos cotidianos. Era preciso alguém colocar a cabeça para fora e se inspirar. A idéia de uma ação definitiva partiu dele. Mas não sabia exatamente o quê. Lambda preparava o jantar quando me veio a luz.

"Ulles, vamos imputar uma pena exemplar pra essa canalha! Jamais se esquecerão da nossa existência, tá bom?"

Cochichamos perversidades inimagináveis. Ulles se sacudia de prazer. Naquela mesma noite, começamos a entrar em contato com os colegas da imprensa, recordar às coristas do nosso papel, acionar colaboradores ocultos. No Rio, amealhamos em uma semana cerca de quinhentas pessoas dispostas a nos ajudar, gente insatisfeita com os rumos que a arte dramática havia tomado. Chegou um momento em que minha casa não era suficiente para agasalhar tantos revoltosos. Transferimos as reuniões para a sede da união, no centro da cidade. Instalamos alto-falantes e microfones, espalhamos cadeiras, criamos um jornalzinho hebdomadário, *O Ba-Ta-Clan Científico*, do qual me tornei editor em chefe*. Publicávamos notas, classificados, crônicas da vida teatral, críticas e peças inéditas da lavra de algum companheiro de profissão. Nossos colaboradores escreviam sobre o péssimo estado do teatro moderno, tudo baseado em critérios sistemáticos; daí o caráter cientificista do empreendimento expresso no título. O jornal teve grande repercussão e recebíamos cartas e telefonemas de todo o quintal. As reuniões pegavam fogo. Numa delas, argumentei que era preciso detectar o fulcro da doença e cauterizá-lo a ferro e sangue. Todos os dedos apontaram para um único alvo: Paschoal, o galã que se transformara em amador, o apóstata da arte real. Contaram-me que ele vinha tramando a desaparição dos pontos desde os tempos do Caverna Mágica. Eram onze anos de conspiração sistemática. As reinações do Paschoal se tornaram famosas e todos os pontos que trabalharam com ele respiraram com alívio quando foi para Manchester assumir um cargo de terceiro escalão no corpo diplomático federal. Pois o sujeitinho voltou à carga ao retornar ao país, coroado pela atuação medíocre. Veio, viu e reinou novamente. Fiz estampar em *O Ba-Ta-Clan Científico* um perfil caricatural do sujeito, escrito pelo Rosalvos. O artigo descrevia as atitudes histriônicas e o crânio de Paschoal segundo a técnica do doutor Lombroso. Ele reagiu nos chamando pela imprensa de retrógrados. Desan-

---

* Apesar de auto-intitulado "hebdomadário", o pasquim *O Ba-Ta-Clan Científico* circulou com periodicidade errática entre 1938 e 1946, tendo como redator em chefe Saturnino Praxedes e redator assistente Mario Ulles. De formato tablóide, era distribuído gratuitamente nos logradouros públicos e nas portas de teatro. Dois exemplares estão sob a guarda cerbérica da seção de obras raras da Biblioteca Nacional do Rio de Janeiro. A coleção completa se extraviou na noite das bebedeiras de Mossurunga Amorão. Para maiores detalhes, vide ZIG-ZIG BUM!, Josué Miguel. *Imperativos lexicográficos do bataclã*. Campinas, Gráfica Tonico Gomes, 1976. (Nota de Luís e Paulinho.)

cou-nos com estridência. Afirmou que duvidava da nossa competência para continuar no comando do teatro. Conclamou a população a que nos banisse imediatamente. O caldo entornou aos quatro ventos. Outubro se matriculou na Mi-Carême.

Perdi o sossego. Eu estava na casa dos quarenta anos e me sentia um Matusalém esfalfado de existir. Não agüentava mais tanta procura. Tornei-me um sujeito irritadiço e rabujento, o sorriso rareava. Meu telefone tocava de segundo em segundo, sem que Lambda pudesse dar conta dos insultos e solicitações. Naquela altura do ano, a questão do ponto estava no centro dos debates. A opinião pública se dividia atabalhoadamente. Entrementes, os teatros nos expeliam mais e mais, como vermes pegajosos, agentes deletérios da organização. Alguns colegas se suicidaram, como na época da Espanhola. Nossa amiga Aurora Miranda, cantora (não se dizia mais *chanteuse* como na época em que éramos parisinos) de disco e rádio já famosa, apareceu um dia na sede da APP, situada no quartinho de despejo remodelado da sede administrativa da Casa dos Artistas, na praça Tiradentes, para nos contar que o bairro da Urca, onde morava, se atapetou de cadáveres, vindos diretamente do Pão de Açúcar. "Só no meu quintal tinha quatro. Reconheci todos; eram o Léo Leopoldo, o Santos do Trianon, Alberico Melo e o velho Adolpho de Faria. Estraçalhados, Praxedes! Que desastre!" Aurora chorava como no dia em que foi parida. Não foi possível consolá-la. Voltou para casa muito triste.

Eu e meus colegas presentes sentimos a bigorna da responsabilidade. Urgia convocar um encontro secreto para pôr em realidade o plano que até ali tínhamos evitado. Encontramo-nos na fermata da noite. Na última hora, tinha aderido ao movimento o famoso ator Procópio Ferreira, condoído com nossa causa e talvez o único chefe de companhia que ainda tinha um ponto empregado. Bem-informado, sugeriu os espetáculos a serem atacados, e aceitamos. "Não sou um ponto, mas entendo a causa de vocês e compartilho de seus problemas! Vamos desossar os moderninhos, que tal?", falou, com sua verve tão característica. A data marcada foi 28 de outubro de 1938. Cada grupo de cinco pontos ia se encarregar de um teatro. Coube justamente o Teatro João Caetano a mim, Procópio, Mané White, Candido e Expedito de Castro. Ali estrearia a peça *Romeu e Julieta*, de Shakespeare, traduzida e adaptada pelo acadêmico Onestaldo de Pennafort. O elenco do Teatro do Estudante era coordenado por Paschoal. A diretora era a manjubinha que faltava pro meu chope: ninguém mais que a Antígona antipodal do contrapelo de Ottilia, Italia Fausta!

2.
BODE VIRA CARRASCO

Não sei que sensação de oco os atores passaram a cultivar em cena sem nossa presença. É como se lhes tirassem o chão, um piso de consciência, que gritava pela exatidão ali debaixo. Antes o madeirame do palco vibrava com nossos movimentos e sons. Sob os pés dos artistas, havia um mundo inteiro, a azáfama das folhas do texto, o bico de gás e depois a lâmpada a postos, o banco e a estante. Porque éramos os maestros. Os atores pensam estar pisando em chão firme quando entram no palco, o ego afiado para exibir. Estão enganados, como de hábito. O chão do palco eu conheço. Sob as quarteladas estão os alçapões e suas corrediças, porões e formas moventes mais absurdas que os cárceres imaginários do Piranesi. Tudo é preto como o *crayon* do mestre italiano. A herma de bronze com inscrições do rei Agripa é feita de cartolina. O buraco possui teias de aranha milenares, desfile de estátuas de papel machê de césares que só existiram no cerebelo dos cenógrafos, polés sem função, lambrequins encardidos, rotundas com paisagens abstratas, praticáveis, repregos e trainéis, chavetas, tafifes, esticadores, orelhas, ganchos e uma escultura cômica de Pã realizada certa vez pelo Luiz Peixoto e ali jogada ao destino. As madeiras vibram porque debaixo dela há o oco profundo. O som ricocheteia nos pregos dos esquadros e emudece no colo do Pã. As traves e ligadas que seguram a estrutura são mínimas. Embaixo de todas as coisas o ponto move a molinete, a roda do mundo teatral, própria para alterar as paisagens, interromper as cenas, maquinar constelações ou erigir um ídolo suspenso. Os atores são espiados de baixo para cima, uma visão em espécie de tumba. Falso morto que a tudo assiste de outra dimensão, o ponto vive de rir da nulidade do mundo. Há frestas por toda parte. Os camundongos se divertem à sombra enquanto o elenco representa lá em cima, sob a inflamação gasosa. Eles fincam o pé com a firmeza de quem não sabe ter nenhuma. São um trem em disparada que precisa ser controlado. Nunca pensei que fosse ser ejetado para longe da máquina!

Quando tiraram as conchas cortaram a arte dramática de sua dimensão oculta, vertical. De um instante para outro, deixou de existir vida debaixo do palco. Um dos eixos fundamentais do teatro era cimentado e ainda respirando. O teatro resultou em bidimensionalidade. Explico. O teatro pode ser dividido em três eixos: o abstrato, fornecido pelo texto e os diretores; o fantástico, a cargo da imaginação dos atores e finalmente o da ordem, sob guarda do ponto e seu exército de subalternos. A abstração se uniu à fantasia em uma conspiração contra a matéria, o mundo concreto e a carpintaria teatral! A sensação dos atores quem sabe fosse de alívio, ou triunfo, por quebrarem o abajur do pobre ponto. Será que não destilavam uma gota de remorso?

Sugeri na derradeira reunião que o infinito abaixo do palco pudesse se transformar na trincheira maior do nosso movimento. Atacaríamos tudo por baixo. Carcomeríamos os jovens com a gana da nossa técnica, a baleia no contra-argumento, voltando a engolir o ambicioso Jonas, e agora para sempre! Pouco antes de partirmos para o ataque final, na noite de 28 de outubro, conclamei sem esconder o nervosismo: "Colegas de ofício e orifício, o teatro acabou! Chegou a hora da cobra fumar e o bode expiatório pôr o capuz de verdugo!".

Partimos, em número de duzentos, para os oitocentos cantos do Distrito Federal onde havia um teatro. Não escapou nem mesmo o mais escondido tablado de bordel. Íamos dispostos a demolir o que quer que fosse. O objetivo era cena arrasada. Estávamos armados até os dentes com nossa inteligência e nada mais. Desenrolaríamos o novelo pela ponta da incompetência e do erro em flagrante. Saímos os cinco sem um pingo de álcool nas goelas, a cantar o hino de Mattecoulon. Vestíamos um capuz amarelo que a Aurora, sob orientação de sua irmã, Carmen, uma ótima chapeleira, havia montado para a gente, inspirada nos capuzes dos primeiros cangaceiros, quando ainda não usavam gibão e chapéu de couro.

A sorte do nosso grupo foi que o João Caetano ainda não havia abolido o porão e a concha do ponto. Estava tudo lá, embora desocupado. Entramos pela porta do alçapão, nos instalamos no amplo espaço do porão e esperamos a representação começar. Nesse meio tempo, batemos papo, como dizia a gíria da época, inventada por um jornalista. Procópio prometia-nos mundos e fundos, mesmo se nosso ataque não fosse suficiente para desmoralizar as modernidades. Garantia um futuro risonho para todos os pontos brasileiros, com gestos enfáticos e palavras de ânimo. Eu sentia um nervosismo além do limite. O constrangimento maior estava em voltar para um local semelhante ao em que eu havia trabalhado. Sentia-me peixe banido da água, mas ainda com barbatanas a se agitarem. A vela bruxuleava as sombras do ator narigudo na parede áspera. Confesso que não me emocionei com as promessas e bravatas dele. Era muito cético para aceitar qualquer coisa além de ação efetiva. Procópio se mostrava convicto do ataque, um gesto pouco usual em sua classe. Talvez por ter preferido o caminho independente, odiava qualquer novidade. Era muito jovem para tanto conservadorismo. Mal havia chegado aos quarenta anos. Havia entrevistado o Vasques por meio de um médium e acabava de publicar uma bizarra biografia do ator cômico, pai espiritual do Machado. Para ele tratava-se de uma cruzada contra o novo. Nós, não; queríamos apenas sobreviver. Gostávamos das renovações não-irracionais. Ainda é tempo de fazer uma revelação que talvez altere toda a história do espetáculo. Fui eu, e ninguém mais, quem sugeriu e planejou o famoso número "Cubismo" na revista *Calma no Brasil*, do meu amigo Joracy Camargo, levada à cena nos estertores do São José. Ele estava sem idéias, pediu meu concurso e criei um quadro em que as dançarinas se desmembravam até virarem bidimensionais. Na pernada do cancã, a perna voava longe, levada por um fio invisível. As cabeças giravam para todos os lados e tudo se encerrava numa divertida demolição em figuras geométricas, realizadas com truques de luz e de barulho. Esta talvez tenha sido a mais moderna das cenas revistográficas já concebidas por uma massa encefálica humana. Foi executada por Luiza e as *girls* (Luiza não era a Lopes, mas uma garotinha de quinze anos contratada com sextas intenções pelo Domingos). Pensava nisso quando mirei a cenografia pobre palco do Municipal lá da concha. Então aquilo era modernidade, vanguarda? Não passava de uma visão perfeita do estilo casa-árvore-mesa? Instalei-me ali para coordenar os movimentos. A representação tinha começado, com toda aquela afetação típica do teatro universitário. Os atores se portavam como estátuas eqüestres do duque de Caxias, sérios, a mão em punho, o desejo de montar no cavalo de um monumento de bronze. Um holophote bateu na casa dos Montecchio e eu arregalei os olhos para perceber os detalhes da montagem. Procópio se agitou, pediu para agir o quanto antes, mas eu o contive. Era necessário aguardar. Os estudantes sugeriam poses hieráticas para os papéis, imbuídos da idéia de que o bardo era uma prateleira a ser respeitada. Espiávamos a representação com a ironia dos entendidos. Com que então queriam enfiar goela abaixo do público um drama amoroso sem que fosse devidamente interpretado, com atores amadores e uma diretora sem tarimba na área? Sim, porque Italia Fausta podia ser a Antígona dos sonhos de todos os gabirus, mas teria capacidade para coordenar um espetáculo sem estar presente? Sentava-se na platéia, à espera de aplausos, tensa e insegura. Não tinha nenhuma atuação específica. Não parecia soprar nada da primeira fila, onde estava instalada. Também seria impossível. O holophote tremulava, a cena decorria, o Romeu galã dava ares de especialista, mas quem disse que ela entendia alguma coisa? Caramba, tudo lembrava uma pintura escura do Rembrandt. Os atores exibiam gestos sem expressão no breu absoluto, apropriados para um verbete de enciclopédia, se alguém pudesse enxergá-los. Não haveria corretivo melhor do que puxar o alçapão para tragá-los no momento do suicídio, deixando o palco vazio e o elenco em nosso poder. Enterraríamos subitamente Romeu e Julieta e abandonaríamos Italia Fausta a seus devaneios de encenador de primeira viagem. Eu continuava nervoso, a escuridão produzia medo e não estava seguro do que fazia. Antes de qualquer coisa, comecei a produzir barulhos estranhos para pegar os atores de surpresa. O público achou graça porque pensou que Julieta havia soltado um pum. O autor do som enganador fui eu, com base nos meus estudos científicos de ventriloquismo. A certa passagem, dei lugar a Procópio para que ele realizasse um solilóquio cômico enquanto o Romeu se derramava debaixo da sacada. A casquinada se disseminou. Só eu permanecia indiferente. Tudo porque o chão de um palco se afigurava agora diferente para mim. Estava mais amargo, difícil de agüentar sem pensar na posição humilhante em que nos encontrávamos. Fomos reduzidos a ratazanas invejosas. Enquanto se desenrolava a ação, pensei no porquê daquilo tudo. Não havia mais sentido em defender a nossa causa, causa alguma. Para que arremeter contra a aparição de um tempo novo? Não iríamos ser mais aceitos, de forma alguma. Estávamos excluídos na ordem estética emergente. Aos ultrapassados só resta a resignação, pensei, mas logo tomei vergonha e reagi à idéia. Mais agressivo do que nunca, assumi o lugar de Procópio e mandei que o Candido subisse até o urdimento para jogar o que quer que fosse lá de cima em direção dos atores. Sem aviso, Candido desapareceu. Só depois de algum temo notei que estava num alçapão perto das coxias, ocupado em provocar tropeços nos contra-regras. O White aproveitou-se da confusão para correr pelo palco e espalhar buscapés por todo lado. Puxamos o pé do Romeu, descabelamos a Julieta com um ventilador potente, criamos uma confusão que só fez a luz no dia seguinte dos jornais. O público riu a cântaros e também se ocupou em puxar o tapete do elenco. A esculhambação se materializou. White chegou com o Paschoal todo amarrado. Agitava-se histericamente. Procópio batia com o cotovelo na minha barriga, para ver se me fazia rir. Aí que vimos um vulto se aproximar agachado e gordo, a rastejar pelo porão. "Ah, então é vocês, seus filhos da puta!", gritou a voz de cena de tempestade em ópera da Italia Fausta, o corpanzil vindo em nossa direção em carga de ataque. Procópio se engalfinhou com ela. Trocavam tapas e mordidas quando puxei o alçapão. Os atores mergulharam no báratro e o fracasso triunfou. A patuléia não quis nem saber. O tropel que avançou sobre o palco se escutou em toda a Cinelândia. Por um átimo pensei que fosse o retorno em grande gala da pateada. Sentia-me na última cena da ópera *Os Saldunes*, do Leopoldo Miguez, uma cópia deslavada de *O crepúsculo dos deuses*, com mulatas em lugar de valquírias, que eu vi em criança e adorei por causa do heroísmo mítico e do final construtivo. Mas que quimera do balacobaco. Era um empenho de socorro. Italia chefiou a turba enfurecida. A primeira dama do teatro nacional libertou o Paschoal a dentadas. Tentamos correr, mas em poucos segundos estávamos imobilizados. Fomos então conduzidos à chefatura central da polícia. Por milagre ou picardia, o Procópio se escafedeu por uma falha da parede e conseguiu dar o fora sem que ninguém o tivesse reconhecido. "Não sei o que vocês ganharam com isso!", condenava Italia, saião de chita, toda imbuída de mais um papel nobre. A primeira pessoa que vi no xilindró foi o Mari, descascado em lágrimas. Ao lado dele estavam uns trinta companheiros nossos, todos com cara de escalpo interrompido. O Ulles tinha os seis olhos roxos. Rosalvos sangrava na boca, mas teve ânimo para dizer: "Derrotados, Praxedes! A polícia pegou todo mundo. Poucos deram o fora".

Contou-me que a população se alvoroçou com a confusão que os pontos aprontaram nos palcos de toda a cidade. Pelos buracos, tragaram os atores, jogaram água na caixa e capturaram os diretores. O pânico foi o prato do dia. Disse que o público do Recreio se matou de rir porque pensou que se tratava de um evento comemorativo da cidade.

"Teve gente que veio me cumprimentar pela mágica gigante em homenagem ao centenário do nascimento do rei Caramba 27", comentou o Ulles.

De nada serviu. Fomos apanhados como mariposas na fogueira. O delegado, muito gordo e muito careca, nos ministrou um sabão fenomenal. Balançava-se diante de nós como a nos passar em revista, enquanto grunhia:

"Quer dizer que os senhores são todos pontos, não é? Vocês invadiram vinte e três teatros da cidade, machucaram artistas, destruíram palcos, soltaram fogos de artifício e buscapés, derrubaram cenários e insultaram a própria classe pra que mesmo? Pra chamar atenção à dignidade do ponto? Os senhores não encontraram nada melhor? Não têm vergonha do que fizeram? Eu quero agora saber quem foi o responsável por esta palhaçada!"

Destrambelhamos de rir. Aquele papo de colégio interno era demais. Lá fora, a comoção pública era intensa. A gente só não sabia ao certo para o lado de quem. Fomos todos recolhidos à cela de presos comuns. Ninguém, porém, lamentou. Pelo contrário, passamos uma noite de chuva deliciosa a contar histórias da era de platina dos pontos, cantar músicas do Bento Mossurunga e lembrar pilhérias clássicas da confraria. Até os dois carcereiros resolveram tomar parte. Acompanharam-nos na cantoria e na enchente de caipirinha, "contrabandeada" por um guarda em troca de gorjeta.

O pior é que no dia seguinte a crítica achou tudo maravilhoso, elogiou os efeitos de luz do buscapé do Mané White como um achado genial da Italia e do Paschoal. "A noite de São Bartolomeu dos pontos foi uma festa para os olhos", escreveu o João Luso. "Pimenta nos olhos de uns..." Biltre!

Recolhemo-nos às lembranças. A Casa dos Artistas solicitou de volta o quartinho que servia de sede APP e tivemos que fechá-la numa tarde modorrenta de segunda-feira. Também não pagávamos aluguel havia milênios. Carreguei os livros de atas e arquivos. Passei a gerenciar a associação da minha casa do Grajaú. No início, produzi sozinho O *Ba-Ta-Clan Científico* no formato de mimeógrafo. Logo a polícia o impugnou. Segui, porém, escrevendo-o até incorporá-lo a minha própria obra, também ela um bataclã científico em todos os níveis possíveis de análise. Todos se reuniam na minha casa. Montávamos pequenos sainetes para deleite próprio e de nossas famílias. Fazíamos tudo dentro dos preceitos. O pianista Henrique Vogeler, fundador do samba-canção, tocava piano para gente e requentava velhas canções do São José, tentando em desespero recuperar trechos de partituras queimadas, as quais não chegou a conhecer. Mas aos poucos o número foi se reduzindo, a monotonia tomou conta dos remanescentes e, como sempre entre os viventes, terminamos por nos desgarrar. O derradeiro foi Rosalvos, que por fim escolheu terminar seus dias em Lisboa, onde os pontos ainda tinham, no fim dos anos 40, um lugar ao buraco. Sobraram diversos monólogos desassociados uns dos outros, nos quais incluo este texto. Hoje em dia, caso um ponto enxergue outro na rua, faz que não conhece. Engolimos os sapos e serpentes dos tempos mudados. Nossa confraria gnoseológica se finou. Não restou ninguém para defender uma causa justa como a nossa. Talvez eu tenha cometido o excesso de não admitir senão a razão. Desconsiderei a infinidade de coisas que a ultrapassa. Isso é o que mais me espanta na história inteira. Não houve um crítico que se levantasse em nosso favor, nem mesmo o Mari, ocupado em agradar as fornadas sucessivas de novas gentes. Presenteou-nos com a indiferença. Ao longo da minha vida, contemplei a multidão que ria das gagues mais estúpidas e se juntava alegremente em volta de selvagerias e obras de arte ruins. Não supunha que um dia ela viria a decapitar os pontos em praça pública com a espada real, numa gargalhada definitiva.

Agora me vejo ancorado àquele buraco, na câmera obscura que me foi riscada como cena. Representei o *suggeritore*, assim como no palco um fazia o príncipe, outro o mágico, um terceiro o mordomo, um quarto o diabo, o general etc. Mas essas diferenças ficavam na aparência externa. No cerne de cada ator, se ocultava sempre a mesma personagem: um pobre comediante, com suas desgraças e necessidades. Schopenhauer, esse mumificador da alma, achava que a regra se aplicava à vida. Não concordo. Só o teatro podia explicitar tal balacobaco metafísico que postula a essência da pluralidade de personagens num único centro cômico. Agora mudou, pois a vida se infiltrou no palco cênico para reduzi-lo à escatologia. A vida é um teatrinho de quinta classe situado no subúrbio do espírito e lotado de personagens que subsistem pela superficialidade de seus papéis. O elenco do mundo contém mais canastrões do que pólos dramáticos, os dublês ultrapassam numericamente os papéis principais e os sogros virtuosos rareiam em progressão geométrica. A claque tem dimensões faraônicas. Necessita de número crescente de cabos que a coordene. As falas são improvisadas o tempo inteiro e não é possível instalar uma cúpula em cada metro ou boca-de-lobo de mundo para que os pontos evitem as barbaridades que a multidimensional companhia perpetra. Como resultado, cuspiram a gente do alçapão da Terra. Ninguém suporta aquele que aponta o dedo no nariz do caos!

3.
EPÍLOGO NUM ÔNIBUS

Escrevi por vários modos; aos pulos, convulsões e ziguezagues, em movimento retrógrado e em trajetória semelhante à serpentina que espalha uma lógica no fulcro bagunçado do Carnaval. Espero, mesmo assim, ter demonstrado a importância de um ofício abalado pela influenza espanhola e tido engenho para soprar alguma vida aos meus recortes e fazê-los voar para todo lado. Quem sabe eu seja um vencido como ponto. Minha pequena vingança é escrever. Só me resta reconhecer que criei em torno de mim mesmo um cárcere imaginário. Confundi-o com ausência de fronteiras e me estrepei. Como aqueles museus instalados em ônibus ou em carrocerias de caminhão que eletrizam o pessoal das cidades minúsculas, o século continua correndo em alta velocidade. A pateada, o lundu, a Inana, o samba, o gênero alegre e a concha do ponto estão em exibição na mesma estante da coleção de extravagâncias, sob a tarja *Trapalhadas do teatro popular*. Perto de nós há outras prateleiras com o casal de botocudos, o sujeito morto com uma lâmina que lhe cortou a cara longitudinalmente em duas partes iguais, o casal de crânios dos cangaceiros Lampião e Maria Bonita, o feto de siameses em garrafa com formol, periquito falante azul empalhado, máscara mortuária de Zumbi dos Palmares, cópia do óleo de Vítor Meirelles com Tiradentes esquartejado, a madeixa loura da rechonchuda imperatriz Leopoldina (interminável, sem rabo nem cabo), a tarântula gigantesca do Amazonas, réplica da cabeça de Chico Viola, manequim em cera da valquíria barbada e cornuda, um vidro de compota com a voz do Caradura, o pijama listrado de Getúlio Vargas, cinematógrafo Edison, cartões postais exclusivos com atrizes do rebolado nuas, vidro com a bala original que matou Euclides da Cunha, o busto do duque de Caxias, cocares e apetrechos dos índios bororos utilizados na coroação de d. Pedro I, um símile da Maria Lino em dimensão de marionete, diorama tridimensional com a degola do Antonio Bentinho em Canudos, a maquete em madeira do Teatro Santana com miniatura de sua instalação elétrica. É. O meu tempo já acertou todas as contas. Os sábios já o decodificaram e lhe determinaram a iconografia. Está bem catalogado e preso a suportes de metal para não cair com o sacolejar da viagem. Carrego-o comigo para sempre.

Mas não estou aqui para fazer alegoria, não! Tudo é de verdade e figura no "Museu Teratológico" de Saturnino Praxedes, que está percorrendo o Brasil e o mundo neste setembro de 1957. Escrevo as últimas linhas estacionado no vilarejo de Cacique Doble, espécie de terra de Tom Mix com som no interior gaúcho. Após a gargalhada final no Rio, a prisão e um bom período de extasiada preguiça, nada mais parecia possível, nem mesmo outro suicídio. O tempo passa rápido demais para os homens. Então eu e Lambda decidimos viajar um pouco para conhecer o continente. Estamos indo para São Sepé. Lambda gosta de guiar. Como eu tinha guardado todas as recordações num armário lá em casa, nada melhor que montar um museu num ônibus de segunda mão e excursionar vendendo ingressos em parques de diversões e lugares ermos que ainda não foram varridos pela Idade da Lâmpada, nem qualquer tipo de entretenimento. Mambembe tardio, tenho ensinado assim um pouco do que vivi. Em todo santo vilarejo ou travessão pergunto se existe um teatro. Sempre há, mesmo que escondido em alguma gruta distante e oculta por uma cachoeira. Vou então conferir se ainda resta o buraco no proscênio. O coração pateia ao encontrá-lo tapado. Descubro, porém, muitos sítios arqueológicos raros, em que um ponto tresmalhado e caquético atua ainda em teatro de sindicato para uma trupe de comerciários saltimbancos. Conversamos, dou palestras e dicas práticas. Afogamos juntos nosso estertor em generosos goles de pinga de alambique da região. Por este Brasil afora, estão sempre em parelha rio e lençol, político e jagunço, teatro e alambique.

Vira e mexe volto ao meu posto na bilheteria e no controle do negócio. Não alugo o visitante com historietas do teatro, como fiz aqui com vocês. Mas passo alguma coisa por pautas tortas e conquisto alguém para minhas idéias para muitos extravagantes. O museu é o meu *theatrum mundi* ideal. Diante deste tablado, a platéia é minoritária. Não preciso intervir nele porque seus componentes estão organizados com rigor, talvez *mortis*. A rigidez, porém, está apenas na aparência. Quando menos se espera, acendo a luz e a engenhoca mecânica que instalei põe tudo em movimento. O ponto salta de dentro da concha, saindo sanfonado de um buraco, como de uma caixa de surpresas. A tarântula gigante se move na direção do visitante. Chico Viola abre os olhos e entoa os compassos iniciais "A voz do violão". Antônio Conselheiro, o busto do duque de Caxias, Lampião, Sepé Tiaraju e o pijama de Getúlio começam a rezar, ao passo que a compota se abre e de lá sai "Pela virgem da couve", com Caradura. As luzes se acendem no Santana e Maria Lino planeja a *première* do corta-jaca. A Espanhola não poderia faltar: cai uma chuva artificial e desce pelo fio do teto um urubu malandro para fazer os objetos sair do lugar. É a apoteose do Brasil, com a qual presenteio o visitante do museu na saída. Ele se rende boquiaberto. Não parece trama automática. Tudo acontece de novo pela primeira vez, com pequenas variações.

Vou fechar. Maquinista, por favor, cortina lenta para que eu diga alguma coisa enquanto o pano cai como mortalha ao contrário sobre mim. Por mais que tenham me impedido, continuo ao molinete do espetáculo. Neste momento dou risadas com um mamulengo do Machado Careca em toga e asa de anjo que acabei de confeccionar. Imito-lhe a voz e voltamos a discutir em alto nível os fados da arte de representar. O museu incha com o século. Gostaria de me despedir com a insinuação de que a aventura poderia continuar num segundo volume. Não haverá tempo para escrevê-lo.

— FIM —

Este livro foi composto em Sabon pela Bracher & Malta, com fotolitos do Bureau 34 e impresso pela Prol Editora Gráfica em papel Pólen Soft 80 g/m² da Cia. Suzano de Papel e Celulose para a Editora 34, em agosto de 1998.